DEIN COACH ZUM ERFOLG!

So geht's ins ActiveBook:

Du kannst auf alle digitalen Inhalte (z. B. Prüfung 2021, interaktive Aufgaben, Videos) zu diesem Band online zugreifen. Registriere dich dazu unter **www.stark-verlag.de/mystark** mit deinem **persönlichen Zugangscode:**

gültig bis 31. Juli 2022

Das ActiveBook bietet dir:

- Viele interaktive Übungsaufgaben zum Grundwissen in den Bereichen Wortschatz und Grammatik
- Tipps zur Bearbeitung der Aufgaben
- Sofortige Ergebnisauswertung
- „MindCards" und Lernvideos zum gezielten Wiederholen zentraler Inhalte

ActiveBook

DEIN COACH ZUM ERFOLG!

So kannst du interaktiv lernen:

 Interaktive Aufgaben

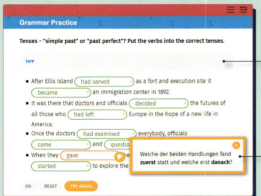

Tipps zur Bearbeitung der Aufgabe

Sofortige Ergebnisauswertung mit Hinweisen bei falschen Antworten

 Lernvideos

 Web-App „MindCards"

Anschauliche Erklärungen zur Grammatik und Tipps zum Vokabellernen

Nützliche Wendungen mit Übersetzung

Individuelles Lernen nach dem Karteikartensystem

Systemvoraussetzungen:
- Windows 7/8/10 oder Mac OS X ab 10.9
- Adobe Reader oder kompatibler anderer PDF-Reader
- Mindestens 1024×768 Pixel Bildschirmauflösung
- Chrome, Firefox oder ähnlicher Webbrowser
- Internetzugang

 Speaking

 Writing

2022

Realschulabschluss
Original-Prüfungsaufgaben mit Lösungen

Sachsen

Englisch

© 2021 Stark Verlag GmbH
25. ergänzte Auflage
www.stark-verlag.de

Das Werk und alle seine Bestandteile sind urheberrechtlich geschützt. Jede vollständige oder teilweise Vervielfältigung, Verbreitung und Veröffentlichung bedarf der ausdrücklichen Genehmigung des Verlages. Dies gilt insbesondere für Vervielfältigungen, Mikroverfilmungen sowie die Speicherung und Verarbeitung in elektronischen Systemen.

Inhalt

Vorwort
Hinweise zum ActiveBook

Hinweise und Tipps zum Realschulabschluss in Sachsen

Listening (Hörverstehen)   I
Reading (Leseverstehen)   II
Writing (Schreiben)   II
Nachweis der mündlichen Sprachfertigkeiten (Sprachpraktischer Teil)   III

Kurzgrammatik

Besonderheiten einiger Wortarten . . . .   G 1
1 Adjektive und Adverbien – *Adjectives and Adverbs* . . . .   G 1
2 Artikel – *Article* . . . .   G 5
3 Pronomen – *Pronouns* . . . .   G 6
4 Präpositionen – *Prepositions* . . . .   G 8
5 Modale Hilfsverben – *Modal Auxiliaries* . . . .   G 9

Infinitiv, Gerundium oder Partizip? – Die infiniten Verbformen . . . .   G 10
6 Infinitiv – *Infinitive* . . . .   G 10
7 Gerundium (-*ing*-Form) – *Gerund* . . . .   G 11
8 Infinitiv oder Gerundium? – *Infinitive or Gerund?* . . . .   G 13
9 Partizipien – *Participles* . . . .   G 14

Bildung und Gebrauch der finiten Verbformen . . . .   G 17
10 Zeiten – *Tenses* . . . .   G 17
11 Passiv – *Passive Voice* . . . .   G 24

Der Satz im Englischen . . . .   G 25
12 Wortstellung – *Word Order* . . . .   G 25
13 Konditionalsätze – *Conditional Sentences* . . . .   G 25
14 Relativsätze – *Relative Clauses* . . . .   G 27
15 Indirekte Rede – *Reported Speech* . . . .   G 29

Anhang . . . .   G 31
16 Liste wichtiger unregelmäßiger Verben – *List of Irregular Verbs* . . . .   G 31

Sprachpraktischer Teil

Übungsaufgaben 1

Original-Prüfungsaufgaben

2013
1 Listening 🔊 2013-1
2 Reading 2013-3
3 Writing 2013-6

2014
1 Listening 🔊 2014-1
2 Reading 2014-3
3 Writing 2014-6

2015
1 Listening 🔊 2015-1
2 Reading 2015-3
3 Writing 2015-7

2016
1 Listening 🔊 2016-1
2 Reading 2016-3
3 Writing 2016-7

2017
1 Listening 🔊 2017-1
2 Reading 2017-3
3 Writing 2017-6

2018
1 Listening 🔊 2018-1
2 Reading 2018-3
3 Writing 2018-7

2019
1 Listening 🔊 2019-1
2 Reading 2019-3
3 Writing 2019-6

2020
1 Listening 🔊 2020-1
2 Reading 2020-2
3 Writing 2020-6

2021 .... www.stark-verlag.de/mystark

Sobald die Original-Prüfungsaufgaben 2021 zur Veröffentlichung freigegeben sind, kannst du sie als PDF auf der Plattform MyStark herunterladen (Zugangscode vgl. Farbseiten zu Beginn des Buches).

MP3-Dateien

Abschlussprüfung 2013: Au-pair in the USA
Abschlussprüfung 2014: Doing a project at a language school
Abschlussprüfung 2015: Keeping fit
Abschlussprüfung 2016: How to see the world for less
Abschlussprüfung 2017: It's festival time
Abschlussprüfung 2018: Living and learning in our modern world
Abschlussprüfung 2019: Libraries
Abschlussprüfung 2020: Volunteering
Abschlussprüfung 2021

Hinweis: Die MP3-Dateien kannst du über den Zugangscode freischalten, den du auf den Farbseiten zu Beginn des Buches findest.

Die Hintergrundgeräusche stammen aus folgenden Quellen:
Freesound, Pacdv, Partners in Rhyme und Soundsnap.

Sprecher*innen:
V. Bäuml, D. Beaver, E. Filer, E. Gilvray, C. Gnasmüller, D. Holzberg, R. Jeannotte, D. Kozlova, B. Krzoska, J. Mikulla, J. O'Donnell, J. Powell, C. Rees, B. Tendler, R. Voight

Sollten nach Erscheinen dieses Bandes noch wichtige Änderungen an der Abschlussprüfung vom Staatsministerium für Kultus bekannt gegeben werden, findest du aktuelle Informationen dazu ebenfalls auf der Plattform MyStark.

Jeweils im Herbst erscheinen die neuen Ausgaben
der Abschlussprüfungsaufgaben mit Lösungen.

Autorinnen

Petra Mäbert und Silvia Schmidt

Vorwort

Liebe Schülerin, lieber Schüler,

dieses Buch hilft dir, zielsicher das Niveau der schriftlichen Abschlussprüfung zu erlangen. Es enthält die **Original-Prüfungsaufgaben zum sächsischen Realschulabschluss der Jahre 2013–2021** mit von uns ausgearbeiteten **Lösungen** und nützlichen **Hinweisen**. Die ausführlicheren **Erläuterungen** zu den einzelnen Aufgabenteilen machen dich mit den Anforderungen für den **schriftlichen Teil** der Prüfung und den **sprachpraktischen Teil**, der zu zweit zu absolvieren ist, vertraut. **Übungsaufgaben** für die mündliche Prüfung ermöglichen es dir, deine Sprechfertigkeit zu schulen und zu erweitern. Darüber hinaus enthält dieses Buch eine **Kurzgrammatik**, in der du gezielt die Grammatikbereiche wiederholen kannst, bei denen du noch Probleme hast.

Auf den Farbseiten vorne im Buch findest du einen Link zu der Plattform **MyStark** sowie deinen persönlichen Zugangscode, mit dem du auf alle digitalen Inhalte dieses Buches zugreifen kannst:

- Die Aufgaben und Lösungen zur **Prüfung 2021** kannst du dir als PDF-Dokument herunterladen.
- Alle **Hördateien** zu den *Listening Comprehension*-Aufgaben stehen dir im MP3-Format zur Verfügung.
- Das **ActiveBook** bietet dir zahlreiche interaktive Aufgaben aus den Bereichen **Wortschatz** und **Grammatik**.
- Mit den **MindCards**, interaktiven Vokabelkärtchen, kannst du **hilfreiche Wendungen** trainieren:

MindCards Writing   MindCards Speaking

https://www.stark-verlag.de/mindcards/writing-1

https://www.stark-verlag.de/mindcards/speaking-1

Viel Erfolg bei der Erlangung des Realschulabschlusses!

Petra Mäbert und Silvia Schmidt

Hinweise zum ActiveBook

Zusätzlich zu den Aufgaben in diesem Buch hast du die Möglichkeit, **Grundlagen** wie **Grammatik** und **Wortschatz** interaktiv zu üben. Dies sind ganz wichtige **„Basics"**, die dir für alle Bereiche der Abschlussprüfung helfen: Um einen guten englischen Text zu schreiben und die *Language Components*-Aufgabe zu lösen, musst du die Grammatik beherrschen. Ein umfangreicher Wortschatz hilft dir beim Schreiben, aber auch beim Verstehen von (Hör-)Texten und bei der Mediation. Auch für die sprachpraktische Prüfung und für sicheres und flüssiges Sprechen in der Fremdsprache sind richtige Grammatik und ein umfassender Wortschatz wichtig.

Das ActiveBook „Basic Language Skills" bietet dir:
- **„Grammar Practice"** – Aufgaben zu einzelnen grammatischen Strukturen (inkl. Lernvideos) sowie gemischte Aufgaben
- **„Vocabulary Practice"** – Aufgaben zu Wortfeldern, *synonyms*, *opposites*, *word families*, *words in context* und vielem mehr
- Drei **„Mixed Language Tests"** mit gemischten Aufgaben rund um den Gebrauch der englischen Sprache
- Alle Aufgaben sind **interaktiv**, d. h. du kannst sie direkt am PC/Tablet bearbeiten und erhältst sofort eine Rückmeldung zu deinen Antworten.

Tipps zur Bearbeitung der interaktiven Aufgaben:
Bei der Bearbeitung von Lückentexten sind folgende Punkte zu berücksichtigen:
- Achte auf die Groß- und Kleinschreibung.
- Bevor du deine Antwort „abschickst", überprüfe noch einmal, ob du alle Wörter richtig getippt hast.
- Kontrolliere außerdem, dass zwischen zwei Wörtern nur ein Leerzeichen steht.
- Den Apostroph (wie in „I'm") erzeugst du, indem du gleichzeitig diese beiden Tasten drückst:

Ins ActiveBook gelangst du über den Zugangscode auf den Farbseiten vorne im Buch.

Hinweise und Tipps zum Realschulabschluss in Sachsen

Die schriftliche Prüfung zum Realschulabschluss Englisch umfasst drei Aufgabenbereiche: Nachweis des Hörverstehens, des Leseverständnisses (inklusive Mediation) sowie der Schreibfähigkeit. Der Prüfungsteil Schreiben beinhaltet Fragen zu grammatischen Problemstellungen sowie Aufgaben zum gelenkten und freien Schreiben. Die zur Verfügung stehende Zeit beträgt 15 Minuten, um sich mit den Aufgaben vertraut zu machen, und 180 Minuten für die Beantwortung der Aufgaben.

Dabei sind folgende Hilfsmittel gestattet:

- Wörterbuch Deutsch-Englisch / Englisch-Deutsch (in gedruckter Form)
- Schulübliches Nachschlagewerk zur Grammatik
- Nachschlagewerk zur deutschen Rechtschreibung
- Schülerinnen und Schüler mit Migrationshintergrund dürfen zusätzlich ein zweisprachiges Wörterbuch Deutsch-Herkunftssprache / Herkunftssprache-Deutsch verwenden.

Listening (Hörverstehen)

In diesem Aufgabenteil soll der Nachweis erbracht werden, dass man das „gesprochene englische Wort" verstehen und den Inhalt von Texten erfassen kann. Dabei werden eine Geschichte, ein Bericht oder Situationen aus dem Alltagsleben von Native Speakern in normalem Sprechtempo vorgetragen. Zu den Hörtexten müssen verschiedene Aufgaben gelöst werden. Der Text oder die Texte werden zweimal vorgespielt. Es ist wichtig, vor dem Hören alle Aufgaben gründlich zu lesen.

Möglich sind folgende Aufgabenstellungen:

- Vervollständigen von Mindmaps, Tabellen, Diagrammen o. Ä.
- Ausfüllen von Lückentexten
- Formulieren von Kurzantworten
- *true/false*-Fragen
- *multiple choice*-Fragen, wobei entweder die richtige aus mehreren Antwortmöglichkeiten ausgewählt oder mehrere im Text vorkommende Elemente angekreuzt werden müssen
- Ordnen von Satzfragmenten

I

Reading (Leseverstehen)

Hier ist ein Text mit einer bestimmten Anzahl unbekannter Wörter inhaltlich zu erfassen. Die Überprüfung kann mithilfe verschiedener Aufgabenstellungen erfolgen. Bisweilen wird zusätzlich zur Beantwortung der Fragen unter *„evidence"* noch ein Textzitat verlangt, das eine bestimmte Lösung begründet:

- *multiple choice* – d. h., aus verschiedenen vorgegebenen Aufgabenlösungen die richtige Lösung herausfinden und markieren

- *true – false – (not given)* – d. h., vorgegebene Aussagen anhand des Textes als „richtig – falsch – (nicht im Text)" identifizieren (häufig mit *„evidence"*)

- Kurzantworten zu Fragen zum Text, Ergänzen von Lückentexten, Diagrammen, Tabellen o. Ä.

- Zusammenfügen oder Ordnen von Satzfragmenten

- Richtigstellen von fehlerhaften Aussagen zum Text

- Zuordnungsübungen, beispielsweise Teilüberschriften einzelnen Textpassagen oder Aussagen bestimmten Sprechenden zuordnen

- Grobverständnisfragen, beispielsweise passende Überschriften, Zusammenfassungen oder Schlussformulierungen aus mehreren Möglichkeiten auswählen

Neben diesen geschlossenen Aufgaben zum Textverständnis beinhaltet der Prüfungsteil Lesen außerdem eine Aufgabe zur Sprachmittlung *(Mediation)*. Hierbei ist ein kurzer Text in englischer Sprache vorgegeben, den die Prüflinge auf Deutsch in wesentlichen Punkten wiedergeben sollen.

Writing (Schreiben)

1. *Language components:* Vorgegeben ist hier ein kurzer Lückentext, der sich inhaltlich am Gesamtthema der Prüfung orientiert. Um die Lücken auszufüllen, stehen jeweils verschiedene Auswahlantworten zur Verfügung, die sich oft nur geringfügig unterscheiden. Auf der Grundlage grammatischen und lexikalischen Wissens soll die jeweils richtige Antwort ausgewählt werden.

2. *Guided writing:* Beim sogenannten „gelenkten Schreiben" sollen die Prüflinge selbst einen Text verfassen, allerdings nach genauen inhaltlichen Vorgaben. Denkbare Aufgabenformen bzw. inhaltliche Vorgaben sind hier:

   - Schreiben einer Geschichte, eines Artikels, einer E-Mail etc. auf Grundlage von Bildimpulsen, als Reaktion auf vorgegebene Fragen, Themenimpulse etc.

   - Vervollständigung eines Dialoges, Ausfüllen von Formularen

   - sinngemäßes Übertragen von Sachverhalten aus dem Deutschen ins Englische
     Beispiel: Sage, dass es dir leidtut, dass du zu spät gekommen bist.
     Sorry I'm late./Sorry for being late.
     Hierbei sind mehrere Formulierungen, die dem Sinn der Aussage entsprechen, möglich.

II

3. ***Creative writing:*** Beim freien Schreiben ist nur ein Grobthema vorgegeben, zu dem selbstständig ein englischer Text von etwa 180 Wörtern verfasst werden soll. Dabei soll die eigene Meinung ausgedrückt, diskutiert und argumentiert werden. Hier stehen üblicherweise vier verschiedene Themen zur Auswahl, von denen nur eines bearbeitet werden muss. Wird die vorgegebene Wortzahl überschritten, gibt es normalerweise keinen Abzug bei der Bewertung.

Bei den Lösungen in diesem Buch handelt es sich um Vorschläge, wie man bei den verschiedenen Themen vorgehen kann.

Hinweis zur Bewertung: Es ist zu beachten, dass dem **Inhalt** der Essays eine hohe Bedeutung beigemessen wird. Das heißt, es erfolgt eine Gewichtung zugunsten des Inhalts. Bewertet werden dabei die Themenbezogenheit, Folgerichtigkeit und Ausführlichkeit bzw. Aussagekraft der Darlegung.

Die **sprachliche Gestaltung** wird nach dem Grad der Sprachbeherrschung (Rechtschreibung, Grammatik), dem Gebrauch vielfältiger sprachlicher Strukturen und ihrer Komplexität bewertet. Dazu gehören die Verwendung eines umfangreichen Wortschatzes, Variabilität in den Satzstrukturen (z. B. Konditional-, Relativsätze) und gelungene Textverknüpfungen.

Nachweis der mündlichen Sprachfertigkeiten (Sprachpraktischer Teil)

Nach Absolvierung des schriftlichen Teils gilt es, sprachpraktische Fähigkeiten nachzuweisen. Dieser Teil der Prüfung wird zu zweit oder zu dritt mündlich durchgeführt und dauert bei zwei Teilnehmenden 25 Minuten, bei drei Teilnehmenden 35 Minuten. Er gliedert sich in zwei Abschnitte:

1. ***Presentation***

Hier werden komplexe Arbeiten aus dem Unterricht (möglich sind alle Fächer) vorgestellt. Es wird erläutert, wie die Arbeit entstanden ist, was erreicht wurde und welche Erfahrungen gesammelt wurden.

Gliedere deinen Vortrag wie folgt:

- Vorstellen des Themas
- Erläuterung der Arbeitsweise (Einzel-, Partner- oder Gruppenarbeit / Beschaffung von Material / Darstellung von Problemen bei der Erarbeitung)
- Ergebnispräsentation und Schlussfolgerungen

2. Reaction

Dieser Abschnitt untergliedert sich nochmals in drei Teile. Insgesamt wird dieser Teil unter dem Begriff **Reaction** zusammengefasst, weil die Prüflinge auf verschiedene Gegenüber (zweiten Prüfling und Lehrkraft) in unterschiedlichen Gesprächssituationen reagieren müssen.

- *Express in English* (Dialog der Schüler*innen miteinander)
- *Interview* (Gespräch zwischen prüfender Lehrkraft und Schüler*in)
- *Communication* (Diskussion der Schüler*innen miteinander zu einem in der Prüfung vorgegebenen Thema)

Im Folgenden findest du einige Wendungen, die dir helfen, deine Meinung gut auf Englisch auszudrücken. Lerne die Ausdrücke auswendig und achte auch im Unterricht darauf, möglichst viele dieser Ausdrücke einzusetzen und abwechslungsreich zu formulieren. So wird es dir in der mündlichen Prüfung leichter fallen, ein Gespräch in der Fremdsprache zu führen.

- *I think ...*
- *In my opinion, ...*
- *But don't forget that ...*
- *First(ly), ..., second(ly), ..., and finally, ...*
- *I don't think so.*
- *OK, but ...*
- *I (don't) agree with you.*
- *You're right, but ...*
- *So let's ...*
- *I suggest ...*
- *What do you think about ...*
- *So we come to the following result ...*
- *Let me summarise ...*
- *Finally, ...*

Viel Erfolg in der Prüfung!

Kurzgrammatik

Besonderheiten einiger Wortarten

1 Adjektive und Adverbien – *Adjectives and Adverbs*

Bildung und Verwendung von Adverbien – *Formation and Use of Adverbs*

Bildung

Adjektiv + -*ly*
glad → gladl<u>y</u>

Ausnahmen:
- -*y* am Wortende wird zu -*i*
eas<u>y</u> → eas<u>i</u>ly
funn<u>y</u> → funn<u>i</u>ly

- auf einen Konsonanten folgendes -*le* wird zu -*ly*
simp<u>le</u> → simp<u>ly</u>
probab<u>le</u> → probab<u>ly</u>

- -*ic* am Wortende wird zu -*ically*
fantast<u>ic</u> → fantast<u>ically</u>
Ausnahme:
pub<u>lic</u> → pub<u>licly</u>

Beachte:
- Unregelmäßig gebildet wird:
good → well

- Endet das Adjektiv auf -*ly*, so kann kein Adverb gebildet werden; man verwendet deshalb:
in a + Adjektiv + *manner/way*
friendly → in a friendly manner

- In einigen Fällen haben Adjektiv und Adverb dieselbe Form, z. B.:
daily, early, fast, hard, long, low, weekly, yearly

- Manche Adjektive bilden zwei Adverbformen, die sich in der Bedeutung unterscheiden, z. B.:

Adj./Adv.	Adv. auf -*ly*
hard	*hardly*
schwierig, hart	kaum
late	*lately*
spät	neulich, kürzlich
near	*nearly*
nahe	beinahe

The task is <u>hard</u>.   (adjective)
Die Aufgabe ist schwierig.
She works <u>hard</u>.   (adverb)
Sie arbeitet hart.
She <u>hardly</u> works.   (adverb)
Sie arbeitet kaum.

G 1

Verwendung
Adverbien bestimmen
- Verben,

She <u>easily</u> <u>found</u> her brother in the crowd.
Sie fand ihren Bruder leicht in der Menge.

- Adjektive,

This band is <u>extremely</u> <u>famous</u>.
Diese Band ist sehr berühmt.

- andere Adverbien oder

He walks <u>extremely</u> <u>quickly</u>.
Er geht äußerst schnell.

- einen ganzen Satz
näher.

<u>Fortunately</u>, <u>nobody was hurt</u>.
Glücklicherweise wurde niemand verletzt.

Beachte:
Nach bestimmten Verben, die einen
Zustand ausdrücken, steht nicht das
Adverb, sondern das Adjektiv, z. B.:

to be	sein
to become	werden
to get	werden
to seem	scheinen
to stay	bleiben

Everything <u>seems</u> <u>quiet</u>.
Alles scheint ruhig zu sein.

Nach manchen Verben kann entweder ein Adjektiv oder ein Adverb
folgen (z. B. nach *to feel, to look,
to smell, to taste*). Mit Adverb
beschreiben diese Verben eine
Tätigkeit, mit Adjektiv eine
Eigenschaft des Subjekts.

Harry <u>looks</u> <u>happy</u>! *(Eigenschaft)*
Harry sieht glücklich aus.
Harry <u>looks</u> <u>happily</u> at his cake. *(Tätigkeit)*
Harry schaut glücklich auf seinen Kuchen.

Steigerung des Adjektivs – *Comparison of Adjectives*

Bildung
Man unterscheidet:
- Grundform / Positiv *(positive)*

Peter is <u>young</u>.

- Komparativ *(comparative)*

Jane is <u>younger</u>.

- Superlativ *(superlative)*

Paul is <u>the youngest</u>.

Steigerung auf -er, -est
- einsilbige Adjektive

old, old*er*, old*est*
alt, älter, am ältesten

- zweisilbige Adjektive, die auf
-er, -le, -ow oder -y enden

clever, clever*er*, clever*est*
klug, klüger, am klügsten

simple, simpl*er*, simpl*est*
einfach, einfacher, am einfachsten

narrow, narrow*er*, narrow*est*
eng, enger, am engsten

funny, funn*ier*, funn*iest*
lustig, lustiger, am lustigsten

Beachte:
- stummes -e am Wortende entfällt

simpl*e*, simpl*er*, simpl*est*

- nach einem Konsonanten wird
-y am Wortende zu -i-

funn*y*, funn*ier*, funn*iest*

- nach betontem Vokal wird ein
Konsonant am Wortende verdoppelt

fi*t*, fi*tter*, fi*ttest*

Steigerung mit *more ..., most ...*
- zweisilbige Adjektive, die nicht
auf -er, -le, -ow oder -y enden

useful, *more* useful, *most* useful
nützlich, nützlicher, am nützlichsten

- Adjektive mit drei und mehr
Silben

difficult, *more* difficult, *most* difficult
schwierig, schwieriger, am schwierigsten

Unregelmäßige Steigerung
Die unregelmäßig gesteigerten
Adjektive muss man auswendig
lernen. Besonders wichtig sind z. B.:

good, better, best
gut, besser, am besten

bad, worse, worst
schlecht, schlechter, am schlechtesten

G 3

Steigerungsformen im Satz – *Sentences with Comparisons*

Es gibt folgende Möglichkeiten, Steigerungen im Satz zu verwenden:

- **Positiv:** Zwei oder mehr Personen oder Sachen sind **gleich oder ungleich:** *(not) as* + Grundform des Adjektivs + *as*

Anne is <u>as</u> tall <u>as</u> John (and Steve).
Anne ist genauso groß wie John (und Steve).

John is <u>not as</u> tall <u>as</u> Steve.
John ist nicht so groß wie Steve.

- **Komparativ:** Zwei oder mehr Personen/Sachen sind **verschieden** (größer/besser ...): Komparativform des Adjektivs + *than*

Steve is <u>taller than</u> Anne.
Steve ist größer als Anne.

- **Superlativ:** Eine Person oder Sache wird besonders hervorgehoben (der/die/das größte/beste ...): *the* + Superlativform des Adjektivs

Steve is <u>the tallest</u> boy in class.
Steve ist der größte Junge in der Klasse.

Steigerung des Adverbs – *Comparison of Adverbs*

Adverbien können wie Adjektive auch gesteigert werden.

- Adverbien auf *-ly* werden mit *more, most* bzw. mit *less, least* gesteigert.

She talks <u>more</u> quickly than John.
Sie spricht schneller als John.

- Adverbien, die dieselbe Form wie das Adjektiv haben, werden mit *-er, -est* gesteigert.

fast	– faster	– fast<u>est</u>
early	– earl<u>ier</u>	– earl<u>iest</u>

- Manche Adverbien haben unregelmäßige Steigerungsformen, z. B.:

well	– better	– best
badly	– worse	– worst
little	– less	– least
much	– more	– most

Die Stellung von adverbialen Bestimmungen im Satz

Adverbiale Bestimmungen können verschiedene Positionen im Satz einnehmen:

- Am **Anfang des Satzes**, vor dem Subjekt *(front position)*

<u>Tomorrow</u> he will be in London.
Morgen [betont] wird er in London sein.
<u>Unfortunately</u>, I can't come to the party.
Leider kann ich nicht zur Party kommen.

G 4

- **Im Satz** *(mid position)*
  vor dem Vollverb,

  She <u>often</u> goes to school by bike.
  Sie fährt oft mit dem Rad in die Schule.

  nach *to be*,

  She is <u>already</u> at home.
  Sie ist schon zu Hause.

  nach dem ersten Hilfsverb.

  You can <u>even</u> go swimming there.
  Man kann dort sogar schwimmen gehen.

- Am **Ende des Satzes** *(end position)*

  He will be in London <u>tomorrow</u>.
  Er wird morgen in London sein.

  Gibt es mehrere Adverbiale am Satzende, so gilt die **Reihenfolge**: Art und Weise – Ort – Zeit *(manner – place – time)*

  The snow melts <u>slowly</u> <u>in the mountains</u> <u>at springtime</u>.
  Im Frühling schmilzt der Schnee langsam in den Bergen.

2 Artikel – *Article*

Der **bestimmte Artikel** steht, wenn man von einer **ganz bestimmten Person oder Sache** spricht.

<u>The</u> cat is sleeping on the sofa.
Die Katze schläft auf dem Sofa. [nicht irgendeine Katze, sondern eine bestimmte]

Beachte: Der bestimmte Artikel steht unter anderem **immer** in folgenden Fällen:
- **abstrakte Begriffe**, die näher erläutert sind

<u>The</u> agriculture practised in the USA is very successful.
Die Landwirtschaft, wie sie in den USA praktiziert wird, ist sehr erfolgreich.

- **Gebäudebezeichnungen**, wenn man vom Gebäude und nicht von der Institution spricht

<u>The</u> university should be renovated soon.
Die Universität sollte bald renoviert werden.

- **Eigennamen im Plural** (Familien-namen, Gebirge, Inselgruppen, einige Länder etc.)

<u>the</u> Johnsons, <u>the</u> Rockies, <u>the</u> Hebrides, <u>the</u> Netherlands, <u>the</u> USA

- Namen von **Flüssen** und **Meeren**

<u>the</u> Mississippi, <u>the</u> North Sea, <u>the</u> Pacific Ocean

Der **unbestimmte Artikel** steht, wenn man von einer **nicht näher bestimmten Person oder Sache** spricht.

<u>A</u> man is walking down the road.
Ein Mann läuft gerade die Straße entlang. [irgendein Mann]

Beachte:
Der unbestimmte Artikel steht **häufig**
bei:

- **Berufsbezeichnungen** und **Nationalitäten**

    She is <u>an</u> engineer. *Sie ist Ingenieurin.*
    He is <u>a</u> Scot(sman). *Er ist Schotte.*

- Zugehörigkeit zu einer **Religion** oder **Partei**

    She is <u>a</u> Catholic. *Sie ist katholisch.*
    He is <u>a</u> Tory. *Er ist Mitglied der Tories.*

In diesen Fällen steht **kein Artikel**:

- **nicht zählbare** Nomen wie z. B. **Stoffbezeichnungen**

    Gold is very valuable.
    Gold ist sehr wertvoll.

- **abstrakte Nomen** ohne nähere Bestimmung

    Buddhism is widespread in Asia.
    Der Buddhismus ist in Asien weit verbreitet.

- **Kollektivbegriffe**, z. B. *man* (= der Mensch bzw. alle Menschen), *society*

    Man is responsible for global warming.
    Der Mensch ist für die Klimaerwärmung verantwortlich.

- **Institutionen**, z. B. *school, church, university, prison*

    We went to school together.
    Wir gingen zusammen zur Schule.

- **Mahlzeiten**, z. B. *breakfast, lunch*

    Dinner is at 8 p.m.
    Das Abendessen ist um 20 Uhr.

- *by* + **Verkehrsmittel**

    I went to school by bike.
    Ich fuhr mit dem Fahrrad zur Schule.

- **Personennamen** (auch mit Titel), **Verwandtschaftsbezeichnungen**, die wie Namen verwendet werden

    Tom, Mr Scott, Queen Elizabeth, Dr Hill, Dad, Uncle Harry

- Bezeichnungen für **Straßen, Plätze, Brücken, Parkanlagen**

    Fifth Avenue, Trafalgar Square, Westminster Bridge, Hyde Park

- Namen von **Ländern, Kontinenten, Städten, Seen, Inseln, Bergen**

    France, Asia, San Francisco, Loch Ness, Corsica, Ben Nevis

3 Pronomen – *Pronouns*

Possessivbegleiter und -pronomen – *Possessive Determiners and Pronouns*

„Possessiv" bedeutet **besitzanzeigend**. Man verwendet diese Formen, um zu sagen, **wem etwas gehört**.
Man unterscheidet Possessivbegleiter, die mit einem Substantiv stehen, und Possessivpronomen (sie ersetzen ein Substantiv):

G 6

mit Substantiv	ohne Substantiv
my	*mine*
your	*yours*
his/her/its	*his/hers/–*
our	*ours*
your	*yours*
their	*theirs*

This is my bike. – This is mine.

This is your bike. – This is yours.

This is her bike. – This is hers.

This is our bike. – This is ours.

This is your bike. – This is yours.

This is their bike. – This is theirs.

Reflexivpronomen – *Reflexive Pronouns*

Reflexivpronomen *(reflexive pronouns)* **beziehen sich auf das Subjekt** des Satzes **zurück.**

myself

yourself

himself / herself / itself

ourselves

yourselves

themselves

I will look after myself.

You will look after yourself.

He will look after himself.

We will look after ourselves.

You will look after yourselves.

They will look after themselves.

Beachte:

- Einige Verben stehen ohne Reflexivpronomen, obwohl im Deutschen mit „mich, dich, sich etc." übersetzt wird.

- Einige Verben können sowohl mit einem Objekt als auch mit einem Reflexivpronomen verwendet werden. Dabei ändert sich die Bedeutung, z. B. bei *to enjoy* und *to help.*

I apologise …
Ich entschuldige mich …
He is hiding.
Er versteckt sich.

He is enjoying the party.
Er genießt die Party.
She is enjoying herself.
Sie amüsiert sich.

He is helping the child.
Er hilft dem Kind.
Help yourself!
Bedienen Sie sich!

Reziprokes Pronomen – *Reciprocal Pronoun* ("each other / one another")

each other/one another ist unveränderlich. Es bezieht sich auf **zwei oder mehr Personen** und wird mit „sich (gegenseitig)/einander" übersetzt.	They looked at <u>each other</u> and laughed. *Sie schauten sich (gegenseitig) an und lachten.* *oder:* *Sie schauten einander an und lachten.*
Beachte: Einige Verben stehen ohne *each other*, obwohl im Deutschen mit „sich" übersetzt wird.	to meet *sich treffen* to kiss *sich küssen* to fall in love *sich verlieben*

4 Präpositionen – *Prepositions*

Präpositionen *(prepositions)* drücken **räumliche, zeitliche oder andere Arten von Beziehungen** aus.	The ball is <u>under</u> the table. He came home <u>after</u> six o'clock.

Die wichtigsten Präpositionen mit Beispielen für ihre Verwendung:

- *at*
  Ortsangabe: *at home*

  I'm <u>at home</u> now. *Ich bin jetzt zu Hause.*

  Zeitangabe: *at 3 p.m.*

  He arrived <u>at 3 p.m.</u> *Er kam um 15 Uhr an.*

- *by*
  Angabe des Mittels: *by bike*

  She went to work <u>by bike</u>. *Sie fuhr mit dem Rad zur Arbeit.*

  Angabe der Ursache: *by mistake*

  He did it <u>by mistake</u>. *Er hat es aus Versehen getan.*

  Zeitangabe: *by tomorrow*

  You will get the letter <u>by tomorrow</u>. *Du bekommst den Brief bis morgen.*

- *for*
  Zeitdauer: *for hours*

  We waited for the bus <u>for hours</u>. *Wir warteten stundenlang auf den Bus.*

- *from*
  Ortsangabe: *from Dublin*

  Ian is <u>from Dublin</u>. *Ian kommt aus Dublin.*

  Zeitangabe: *from nine to five*

  We work <u>from nine to five</u>. *Wir arbeiten von neun bis fünf Uhr.*

- *in*
  Ortsangabe: *in England*

  <u>In England</u>, they drive on the left. *In England herrscht Linksverkehr.*

G 8

Zeitangabe: *in the morning*

They woke up <u>in the morning</u>.
Sie wachten am Morgen auf.

- *of*
  Besitz/Zugehörigkeit/Teilmenge:
  north of the city, owner of the pub

The village lies <u>north of the city</u>.
Das Dorf liegt nördlich der Stadt.

- *on*
  Ortsangabe: *on the left,*
             on the floor
  Zeitangabe: *on Monday*

<u>On the left</u> you see the London Eye.
Links sehen Sie das London Eye.

<u>On Monday</u> she will buy the tickets.
(Am) Montag kauft sie die Karten.

- *to*
  Richtungsangabe: *to the left*

Please turn <u>to the left</u>.
Bitte wenden Sie sich nach links.

  Angabe des Ziels: *to London*

He goes <u>to London</u> every year.
Er fährt jedes Jahr nach London.

5 Modale Hilfsverben – *Modal Auxiliaries*

Zu den **modalen Hilfsverben** *(modal auxiliaries)* zählen z. B. *can, may* und *must*.

Bildung

- Die modalen Hilfsverben haben für alle Personen **nur eine Form**: kein *-s* in der 3. Person Singular.

I, you, he/she/it,
we, you, they } must

- Auf ein modales Hilfsverb folgt der **Infinitiv ohne** *to*.

You <u>must</u> <u>listen</u> to my new CD.
Du musst dir meine neue CD anhören.

- **Frage und Verneinung** werden nicht mit *do/did* umschrieben.

<u>Can</u> you help me, please?
Kannst du mir bitte helfen?

Die modalen Hilfsverben können nicht alle Zeiten bilden. Deshalb benötigt man **Ersatzformen** (können auch im Präsens verwendet werden).

- ***can*** (können)
  Ersatzformen:
  (to) be able to (Fähigkeit),
  (to) be allowed to (Erlaubnis)

I <u>can</u> sing./I <u>was able to</u> sing.
Ich kann singen. / Ich konnte singen.

You <u>can't</u> go to the party./
I <u>wasn't allowed to</u> go to the party.
Du darfst nicht auf die Party gehen./
Ich durfte nicht auf die Party gehen.

  Beachte: Im *simple past* und *conditional I* ist auch *could* möglich.

When I was three, I <u>could</u> already ski.
Mit drei konnte ich schon Ski fahren.

G 9

- *may* (dürfen) – sehr höflich
  Ersatzform: *(to) be allowed to*

You <u>may</u> go home early. /
You <u>were allowed to</u> go home early.
Du darfst früh nach Hause gehen. /
Du durftest früh nach Hause gehen.

- *must* (müssen)
  Ersatzform: *(to) have to*

He <u>must</u> be home by ten o'clock. /
He <u>had to</u> be home by ten o'clock.
Er muss um zehn Uhr zu Hause sein. /
Er musste um zehn Uhr zu Hause sein.

Beachte:
must not/mustn't = „nicht dürfen"

You <u>must not</u> eat all the cake.
Du darfst nicht den ganzen Kuchen essen.

„nicht müssen, nicht brauchen" =
not have to, needn't

You <u>don't have to</u>/<u>needn't</u> eat all the cake.
Du musst nicht den ganzen Kuchen essen. /
Du brauchst nicht ... zu essen.

Infinitiv, Gerundium oder Partizip? – Die infiniten Verbformen

6 Infinitiv – *Infinitive*

Der **Infinitiv** (Grundform des Verbs)
mit *to* steht z. B. **nach**
- bestimmten **Verben**, z. B.:

to decide	(sich) entscheiden, beschließen
to expect	erwarten
to hope	hoffen
to manage	schaffen
to plan	planen
to promise	versprechen
to want	wollen

He <u>decided</u> <u>to wait</u>.
Er beschloss zu warten.

- bestimmten **Substantiven und Pronomen** *(something, anything)*, z. B.:

attempt	Versuch
idea	Idee
plan	Plan
wish	Wunsch

We haven't got <u>anything</u> <u>to eat</u> at home.
Wir haben nichts zu essen zu Hause.

It was her <u>plan</u> <u>to visit</u> him in May.
Sie hatte vor, ihn im Mai zu besuchen.

- bestimmten **Adjektiven** (auch in Verbindung mit *too/enough*) und deren Steigerungsformen, z. B.:

certain	sicher
difficult/hard	schwer, schwierig
easy	leicht

Maths is often <u>difficult</u> <u>to understand</u>.
Mathe ist oft schwer zu verstehen.

- **Fragewörtern**, wie z. B. *what, where, which, who, when, how* und nach *whether*. Diese Konstruktion ersetzt eine indirekte Frage mit modalem Hilfsverb.

We knew <u>where</u> to find her. /
We knew <u>where</u> <u>we</u> would find her.
Wir wussten, wo wir sie finden würden.

Die Konstruktion **Objekt + Infinitiv** wird im Deutschen oft mit einem „dass"-Satz übersetzt.
Sie steht z. B. **nach**
- bestimmten **Verben**, z. B.:

to allow	erlauben
to get	veranlassen
to help	helfen
to persuade	überreden

She <u>allowed</u> him <u>to go</u> to the cinema.
Sie erlaubte ihm, dass er ins Kino geht. / ... ins Kino zu gehen.

- **Verb + Präposition**, z. B.:

to count on	rechnen mit
to rely on	sich verlassen auf
to wait for	warten auf

She <u>relies on</u> him <u>to arrive</u> in time.
Sie verlässt sich darauf, dass er rechtzeitig ankommt.

- **Adjektiv + Präposition**, z. B.:

easy for	leicht
necessary for	notwendig
nice of	nett
silly of	dumm

It is <u>necessary</u> <u>for you</u> <u>to study</u> more.
Es ist notwendig, dass du mehr lernst.

- **Substantiv + Präposition**, z. B.:

opportunity for	Gelegenheit
idea for	Idee
time for	Zeit
mistake for	Fehler

Work experience is a good <u>opportunity</u> <u>for</u> <u>you</u> <u>to find out</u> which job suits you.
Ein Praktikum ist eine gute Gelegenheit, herauszufinden, welcher Beruf zu dir passt.

- einem **Adjektiv**, das durch ***too*** oder ***enough*** näher bestimmt wird.

The box is <u>too</u> <u>heavy</u> <u>for me</u> <u>to carry</u>.
Die Kiste ist mir zu schwer zum Tragen.

The weather is <u>good</u> <u>enough</u> <u>for us</u> <u>to go</u> for a walk. *Das Wetter ist gut genug, dass wir spazieren gehen können.*

7 Gerundium (*-ing*-Form) – *Gerund*

Bildung
Infinitiv + *-ing*

read → rea<u>ding</u>

Beachte:
- stummes *-e* entfällt
- nach kurzem betontem Vokal: Schlusskonsonant verdoppelt
- *-ie* wird zu *-y*

write → writing

stop → stopping

lie → lying

Verwendung
Das *gerund* kann sowohl **Subjekt** als auch **Objekt** eines Satzes sein.

Skiing is fun. *Skifahren macht Spaß.*
He has given up smoking. *Er hat mit dem Rauchen aufgehört.*

Die *-ing*-Form steht z. B. nach:

- bestimmten **Verben**, z. B.:
to avoid	vermeiden
to enjoy	genießen, gern tun
to keep (on)	weitermachen
to miss	vermissen
to risk	riskieren
to suggest	vorschlagen

He enjoys reading comics.
Er liest gerne Comics.

You risk losing a friend.
Du riskierst, einen Freund zu verlieren.

- **Verb + Präposition**, z. B.:
to agree with	zustimmen
to believe in	glauben an
to dream of	träumen von
to look forward to	sich freuen auf
to talk about	sprechen über

She dreams of meeting a star.
Sie träumt davon, einen Star zu treffen.

- **Adjektiv + Präposition**, z. B.:
(be) afraid of	sich fürchten vor
famous for	berühmt für
good/bad at	gut/schlecht in
interested in	interessiert an

He is afraid of losing his job.
Er hat Angst, seine Arbeit zu verlieren.

- **Substantiv + Präposition**, z. B.:
chance of	Chance, Aussicht
danger of	Gefahr
reason for	Grund
way of	Art und Weise

Do you have a chance of getting the job?
Hast du Aussicht, die Stelle zu bekommen?

G 12

- nach bestimmten **Präpositionen**,
  wie z. B.:

after	nachdem
before	bevor
by	indem,
	dadurch, dass
in spite of	trotz
instead of	statt

Before leaving the room he said goodbye.
Bevor er den Raum verließ, verabschiedete er sich.

8 Infinitiv oder Gerundium? – *Infinitive or Gerund?*

Einige Verben können sowohl **mit dem Infinitiv** als auch **mit der -ing-Form** stehen, **ohne** dass sich die **Bedeutung ändert**, z. B.
to love, to hate, to prefer, to start, to begin, to continue.

I hate getting up early.
I hate to get up early.
Ich hasse es, früh aufzustehen.

Bei manchen Verben **ändert sich** jedoch die **Bedeutung**, je nachdem, ob sie mit Infinitiv oder mit der -ing-Form verwendet werden, z. B.
to remember, to forget, to stop.

- *to remember* + Infinitiv:
  „daran denken, etwas zu tun"

  to remember + ing-Form:
  „sich erinnern, etwas getan zu haben"

- *to forget* + Infinitiv:
  „vergessen, etwas zu tun"

  to forget + ing-Form:
  „vergessen, etwas getan zu haben"

- *to stop* + Infinitiv:
  „stehen bleiben, um etwas zu tun"

  to stop + ing-Form:
  „aufhören, etwas zu tun"

I must remember to post the invitations.
Ich muss daran denken, die Einladungen einzuwerfen.

I remember posting the invitations.
Ich erinnere mich daran, die Einladungen eingeworfen zu haben.

Don't forget to water the plants.
Vergiss nicht, die Pflanzen zu gießen.

I'll never forget meeting the President.
Ich werde nie vergessen, wie ich den Präsidenten traf.

I stopped to read the road sign.
Ich hielt an, um das Verkehrsschild zu lesen.

He stopped laughing.
Er hörte auf zu lachen.

G 13

9 Partizipien – *Participles*

Partizip Präsens – *Present Participle*

Bildung
Infinitiv + *ing*
Sonderformen: siehe *gerund*
(S. G 11 f.)

talk → talking

Verwendung
Das *present participle* verwendet man
zur Bildung der Verlaufsformen, z. B.
* zur Bildung des *present progressive*,
* zur Bildung des *past progressive*,
* zur Bildung des *present perfect progressive*,
* zur Bildung des *future progressive*,

oder wie ein Adjektiv, wenn es vor
einem Substantiv steht.

Peter is <u>reading</u>.
Peter liest (gerade).

Peter was <u>reading</u> when I saw him.
Peter las (gerade), als ich ihn sah.

I have been <u>living</u> in Sydney for 5 years.
Ich lebe seit 5 Jahren in Sydney.

This time tomorrow I will be <u>working</u>.
Morgen um diese Zeit werde ich arbeiten.

The village hasn't got <u>running</u> water.
Das Dorf hat kein fließendes Wasser.

Partizip Perfekt – *Past Participle*

Bildung
Infinitiv + *-ed*

Beachte:
* stummes *-e* entfällt
* nach betontem Vokal wird der Schlusskonsonant verdoppelt
* *-y* wird zu *-ie*
* unregelmäßige Verben (S. G 31 f.)

talk → talk<u>ed</u>

liv<u>e</u> → liv<u>ed</u>
stop → sto<u>pp</u>ed

cr<u>y</u> → cr<u>ie</u>d
be → been

Verwendung
Das *past participle* verwendet man
zur Bildung der Perfektformen, z. B.
* zur Bildung des *present perfect*,

He hasn't <u>talked</u> to Tom yet.
Er hat noch nicht mit Tom gesprochen.

G 14

- zur Bildung des *past perfect*,

Before they went biking in France, they had <u>bought</u> new bikes.
Bevor sie nach Frankreich zum Radfahren gingen, hatten sie neue Fahrräder gekauft.

- zur Bildung des *future perfect*,

The letter will have <u>arrived</u> by then.
Der Brief wird bis dann angekommen sein.

zur Bildung des Passivs

The fish was <u>eaten</u> by the cat.
Der Fisch wurde von der Katze gefressen.

oder wie ein Adjektiv, wenn es vor einem Substantiv steht.

Peter has got a well-p<u>aid</u> job.
Peter hat eine gut bezahlte Stelle.

Verkürzung eines Nebensatzes durch ein Partizip

Adverbiale Nebensätze (meist kausale oder temporale Bedeutung) und **Relativsätze** können durch ein Partizip verkürzt werden.

She watches the news, because she wants to stay informed.
<u>Wanting</u> to stay informed, she watches the news.
Sie sieht sich die Nachrichten an, weil sie informiert bleiben möchte.

Das Zeitverhältnis zwischen Haupt- und Nebensatz bestimmt die Form des Partizips:

- Das *present participle* verwendet man, um **Gleichzeitigkeit** mit der Haupthandlung auszudrücken.

He did his homework <u>listening</u> to music.
Er machte seine Hausaufgaben und hörte dabei Musik.

- *Having + past participle* verwendet man, um auszudrücken, dass die **Nebenhandlung vor der Haupthandlung** geschah.

<u>Having done</u> his homework, he listened to music.
Nachdem er seine Hausaufgaben gemacht hatte, hörte er Musik.

- Das *past participle* verwendet man auch, um einen Satz im **Passiv** zu verkürzen.

Sally is a manager in a five-star hotel <u>which is called</u> Pacific View.
Sally is a manager in a five-star hotel <u>called</u> Pacific View.

Beachte:
- Man kann einen Temporal- oder Kausalsatz verkürzen, wenn **Haupt- und Nebensatz dasselbe Subjekt** haben.

When <u>he</u> was walking down the street, <u>he</u> saw Jo.
(When) <u>walking</u> down the street, <u>he</u> saw Jo.
Als er die Straße entlangging, sah er Jo.

G 15

- Bei **Kausalsätzen** entfallen die Konjunktionen *as, because* und *since* im verkürzten Nebensatz.
- In einem **Temporalsatz** bleibt die einleitende **Konjunktion** häufig erhalten, um dem Satz eine **eindeutige Bedeutung** zuzuweisen.

Die Vorzeitigkeit einer Handlung kann durch *after + present participle* oder durch *having + past participle* ausgedrückt werden.

- Bei **Relativsätzen** entfallen die Relativpronomen *who, which* und *that*.

As <u>he</u> was hungry, <u>he</u> bought a sandwich.
<u>Being</u> hungry, <u>he</u> bought a sandwich.
Da er hungrig war, kaufte er ein Sandwich.

When <u>he</u> left, <u>he</u> forgot to lock the door.
<u>When</u> <u>leaving</u>, <u>he</u> forgot to lock the door.
Als er ging, vergaß er, die Tür abzuschließen.

Tara got sick <u>eating</u> too much chocolate.
Tara wurde schlecht, als/während/da sie zu viel Schokolade aß. [verschiedene Deutungen möglich]

<u>After</u> <u>finishing</u> / <u>Having finished</u> breakfast, he went to work.
Nachdem er sein Frühstück beendet hatte, ging er zur Arbeit.

I saw a six-year-old boy <u>who</u> <u>played</u> the piano.
I saw a six-year-old boy <u>playing</u> the piano.
Ich sah einen sechsjährigen Jungen, der gerade Klavier spielte. / ... Klavier spielen.

Verbindung von zwei Hauptsätzen durch ein Partizip

Zwei Hauptsätze können durch ein Partizip verbunden werden, wenn sie **dasselbe Subjekt** haben.

Beachte:
- Das Subjekt des zweiten Hauptsatzes und die Konjunktion *and* entfallen.
- Die Verbform des zweiten Hauptsatzes wird durch das Partizip ersetzt.

<u>He</u> did his homework and <u>he</u> listened to the radio.
<u>He</u> did his homework <u>listening</u> to the radio.
Er machte seine Hausaufgaben und hörte Radio.

G 16

Unverbundene Partizipialkonstruktionen – *Absolute Participle Constructions*

Unverbundene Partizipialkonstruktionen haben ein **eigenes Subjekt**, das nicht mit dem Subjekt des Hauptsatzes übereinstimmt. Sie werden in **gehobener Sprache** verwendet. Mit einleitendem ***with*** werden sie auf allen Stilebenen verwendet.

The <u>sun</u> having come out, the ladies went for a walk in the park.
Da die Sonne herausgekommen war, gingen die Damen im Park spazieren.

With the <u>telephone</u> ringing, she jumped out of bed.
Als das Telefon klingelte, sprang sie aus dem Bett.

Bildung und Gebrauch der finiten Verbformen

10 Zeiten – *Tenses*

Simple Present

Bildung
Grundform (= Infinitiv), Ausnahme:
3. Person Singular: Infinitiv + *-s*

stand   –   he/she/it stand<u>s</u>

Beachte:
- Bei Verben, die auf Laute wie *-s, -sh, -ch, -x* und *-z* enden, wird in der 3. Person Singular *-es* angefügt.

kiss   –   he/she/it kiss<u>es</u>
rush   –   he/she/it rush<u>es</u>
teach   –   he/she/it teach<u>es</u>
fix   –   he/she/it fix<u>es</u>

- Bei Verben, die auf Konsonant + *-y* enden, wird *-es* angefügt; *-y* wird zu *-i-*.

carry   –   he/she/it carr<u>ies</u>

Bildung von Fragen im *simple present*
(Fragewort +) *do/does* + Subjekt + Infinitiv

<u>Where</u> <u>does</u> <u>he</u> <u>live</u>? / <u>Does</u> <u>he</u> <u>live</u> in London?
Wo lebt er? / Lebt er in London?

Beachte:
Die Umschreibung mit *do/does* wird nicht verwendet,
- wenn nach dem Subjekt gefragt wird (mit *who, what, which*),

<u>Who</u> <u>likes</u> pizza?
Wer mag Pizza?
<u>Which</u> tree <u>has</u> more leaves?
Welcher Baum hat mehr Blätter?

- wenn die Frage mit *is/are* gebildet wird.

<u>Are</u> you happy?
Bist du glücklich?

G 17

Bildung der Verneinung im *simple present*
don't/doesn't + Infinitiv

He <u>doesn't like</u> football.
Er mag Fußball nicht.

Verwendung
Das *simple present* wird verwendet:
- bei Tätigkeiten, die man **gewohn-heitsmäßig** oder häufig ausführt Signalwörter: z. B. *always, often, never, every day, every morning, every afternoon*

Every morning John <u>buys</u> a newspaper.
Jeden Morgen kauft John eine Zeitung.

- bei **allgemeingültigen** Aussagen

London <u>is</u> a big city.
London ist eine große Stadt.

- bei **Zustandsverben**: Sie drücken Eigenschaften / Zustände von Personen und Dingen aus und stehen normalerweise nur in der *simple form*, z. B. *to hate, to know, to like.*

I like science-fiction films.
Ich mag Science-Fiction-Filme.

Present Progressive / Present Continuous

Bildung
am/is/are + *present participle*

read → <u>am/is/are</u> <u>reading</u>

Bildung von Fragen im *present progressive*
(Fragewort +) *am/is/are* + Subjekt + *present participle*

<u>Is</u> Peter <u>reading</u>? / <u>What</u> <u>is</u> he <u>reading</u>?
Liest Peter gerade? / Was liest er?

Bildung der Verneinung im *present progressive*
am not/isn't/aren't + *present participle*

Peter <u>isn't</u> <u>reading</u>.
Peter liest gerade nicht.

Verwendung
Mit dem *present progressive* drückt man aus, dass etwas **gerade passiert** und **noch nicht abgeschlossen** ist. Es wird daher auch als **Verlaufsform** der Gegenwart bezeichnet.

Signalwörter: *at the moment, now*

At the moment, Peter <u>is drinking</u> a cup of tea.
Im Augenblick trinkt Peter eine Tasse Tee.
[Er hat damit angefangen und noch nicht aufgehört.]

G 18

Simple Past

Bildung
Regelmäßige Verben: Infinitiv + -*ed*

walk → walk<u>ed</u>

Beachte:
- stummes -*e* entfällt
- Bei Verben, die auf Konsonant + -*y* enden, wird -*y* zu -*i*-.
- Nach betontem Vokal wird der Schlusskonsonant verdoppelt.

hop<u>e</u> → hop<u>ed</u>

carr<u>y</u> → carr<u>ied</u>

st<u>o</u>p → sto<u>pp</u>ed

Unregelmäßige Verben: siehe Liste S. G 31 f.

be → was
have → had

Bildung von Fragen im *simple past*
(Fragewort +) *did* + Subjekt + Infinitiv

(<u>Why</u>) <u>Did</u> <u>he</u> <u>look</u> out of the window?
(Warum) Sah er aus dem Fenster?

Beachte:
Die Umschreibung mit *did* wird nicht verwendet,
- wenn nach dem Subjekt gefragt wird (mit *who, what, which*),

<u>Who</u> <u>paid</u> the bill?
Wer zahlte die Rechnung?

<u>What</u> <u>happened</u> to your friend?
Was ist mit deinem Freund passiert?

- wenn die Frage mit *was/were* gebildet wird.

<u>Were</u> you happy?
Warst du glücklich?

Bildung der Verneinung im *simple past*
didn't + Infinitiv

He <u>didn't</u> <u>call</u> me.
Er rief mich nicht an.

Verwendung
Das *simple past* beschreibt Handlungen und Ereignisse, die **in der Vergangenheit passierten** und **bereits abgeschlossen** sind.

Signalwörter: z. B. *yesterday, last week/year, two years ago, in 2008*

Last week, he <u>helped</u> me with my homework.
Letzte Woche half er mir bei meinen Hausaufgaben. [Die Handlung fand in der letzten Woche statt, ist also abgeschlossen.]

Past Progressive / Past Continuous

Bildung
was/were + present participle

watch → <u>was/were</u> <u>watching</u>

Verwendung
Die **Verlaufsform** *past progressive* verwendet man, wenn **zu einem bestimmten Zeitpunkt** in der Vergangenheit eine **Handlung ablief**, bzw. wenn eine **Handlung** von einer anderen **unterbrochen** wurde.

Yesterday at 9 o'clock I <u>was</u> still <u>sleeping</u>.
Gestern um 9 Uhr schlief ich noch.

I <u>was reading</u> a book when Peter came into the room.
Ich las (gerade) ein Buch, als Peter ins Zimmer kam.

Present Perfect (Simple)

Bildung
have/has + past participle

write → <u>has/have</u> <u>written</u>

Verwendung
Das *present perfect* verwendet man,
* wenn ein Vorgang **in der Vergangenheit begonnen** hat und **noch andauert**,

* wenn das Ergebnis einer vergangenen Handlung **Auswirkungen auf die Gegenwart** hat.

Signalwörter: z. B. *already, ever, just, how long, not ... yet, since, for*

Beachte:
* *have/has* können zu *'ve/'s* verkürzt werden.

* Das *present perfect* wird oft mit *since* und *for* verwendet („seit").
  – *since* gibt einen **Zeitpunkt** an:

  – *for* gibt einen **Zeitraum** an:

He <u>has lived</u> in London since 2008.
Er lebt seit 2008 in London.
[Er lebt jetzt immer noch in London.]

I <u>have</u> just <u>cleaned</u> my car.
Ich habe gerade mein Auto geputzt.
[Man sieht evtl. das saubere Auto.]

Have you <u>ever</u> been to Dublin?
Warst du schon jemals in Dublin?

He<u>'s</u> given me his umbrella.
Er hat mir seinen Regenschirm gegeben.

Ron has lived in Sydney <u>since 2007</u>.
Ron lebt seit 2007 in Sydney.

Sally has lived in Berlin <u>for five years</u>.
Sally lebt seit fünf Jahren in Berlin.

G 20

Present Perfect Progressive / Present Perfect Continuous

Bildung
have/has + been + present participle

write → has/have been writing

Verwendung
Die **Verlaufsform** *present perfect progressive* verwendet man, um die **Dauer einer Handlung** zu **betonen**, die in der Vergangenheit begonnen hat und noch andauert.

She has been sleeping for ten hours.
Sie schläft seit zehn Stunden.

Past Perfect (Simple)

Bildung
had + past participle

write → had written

Verwendung
Die Vorvergangenheit *past perfect* verwendet man, wenn ein Vorgang in der Vergangenheit **vor einem anderen Vorgang in der Vergangenheit abgeschlossen** wurde.

He had bought a ticket before he took the train to Manchester.
Er hatte eine Fahrkarte gekauft, bevor er den Zug nach Manchester nahm. [Beim Einsteigen war der Kauf abgeschlossen.]

Past Perfect Progressive / Past Perfect Continuous

Bildung
had + been + present participle

write → had been writing

Verwendung
Die **Verlaufsform** *past perfect progressive* verwendet man für **Handlungen**, die in der Vergangenheit **bis zu dem Zeitpunkt andauerten**, zu dem eine neue Handlung einsetzte.

She had been sleeping for ten hours when the doorbell rang.
Sie hatte seit zehn Stunden geschlafen, als es an der Tür klingelte. [Das Schlafen dauerte bis zu dem Zeitpunkt an, als es an der Tür klingelte.]

G 21

Will-future

Bildung
will + Infinitiv

buy → <u>will</u> buy

Bildung von Fragen im will-future
(Fragewort +) *will* + Subjekt + Infinitiv

<u>What</u> <u>will</u> <u>you</u> <u>buy?</u>
Was wirst du kaufen?

Bildung der Verneinung im will-future
won't + Infinitiv

She <u>won't</u> <u>come</u> to our party.
Sie wird nicht zu unserer Party kommen.

Verwendung
Das *will-future* verwendet man, wenn ein Vorgang **in der Zukunft stattfinden** wird:
- bei Vorhersagen oder Vermutungen,

The weather <u>will</u> <u>be</u> fine tomorrow.
Das Wetter wird morgen schön (sein).

- bei spontanen Entscheidungen.

[doorbell] "<u>I'll</u> <u>open</u> the door."
"Ich mache die Tür auf."

Going-to-future

Bildung
am/is/are + *going to* + Infinitiv

find → <u>am/is/are</u> <u>going to</u> <u>find</u>

Verwendung
Das *going-to-future* verwendet man, wenn man ausdrücken will:
- was man für die Zukunft **plant** oder **zu tun beabsichtigt**.

I <u>am going to work</u> in England this summer.
Diesen Sommer werde ich in England arbeiten.

- dass ein **Ereignis bald eintreten wird**, da bestimmte **Anzeichen** vorhanden sind.

Look at those clouds. It's <u>going to rain</u> soon.
Schau dir diese Wolken an. Es wird bald regnen.

Simple Present und Present Progressive zur Wiedergabe der Zukunft

Verwendung
- Mit dem *present progressive* drückt man **Pläne** für die Zukunft aus, für die bereits **Vorkehrungen** getroffen wurden.

- Mit dem *simple present* wird ein zukünftiges Geschehen wiedergegeben, das **von außen festgelegt** wurde, z. B. Fahrpläne, Programme, Kalender.

We are flying to New York tomorrow.
Morgen fliegen wir nach New York.
[Wir haben schon Tickets.]

The train leaves at 8.15 a.m.
Der Zug fährt um 8.15 Uhr.

The play ends at 10 p.m.
Das Theaterstück endet um 22 Uhr.

Future Progressive / Future Continuous

Bildung
will + be + present participle

work → will be working

Verwendung
Die **Verlaufsform** *future progressive* drückt aus, dass ein **Vorgang** in der Zukunft zu einem bestimmten Zeitpunkt **gerade ablaufen wird**.

Signalwörter: *this time next week / tomorrow, tomorrow* + Zeitangabe

This time tomorrow I will be sitting in a plane to London.
Morgen um diese Zeit werde ich gerade im Flugzeug nach London sitzen.

Future Perfect (Future II)

Bildung
will + have + past participle

go → will have gone

Verwendung
Das *future perfect* drückt aus, dass ein **Vorgang** in der Zukunft **abgeschlossen sein wird** (Vorzeitigkeit in der Zukunft).

Signalwörter: *by then, by* + Zeitangabe

By 5 p.m. tomorrow I will have arrived in London.
Morgen Nachmittag um fünf Uhr werde ich bereits in London angekommen sein.

G 23

11 Passiv – *Passive Voice*

Bildung

Form von *(to) be* in der entsprechenden Zeitform + *past participle*

The bridge <u>was finished</u> in 1894.
Die Brücke wurde 1894 fertiggestellt.

Bsp. für verschiedene Zeitformen:

- *simple present*

  Aktiv: Joe <u>buys</u> the milk.
  Passiv: The milk <u>is bought</u> by Joe.

- *simple past*

  Aktiv: Joe <u>bought</u> the milk.
  Passiv: The milk <u>was bought</u> by Joe.

- *present perfect*

  Aktiv: Joe <u>has bought</u> the milk.
  Passiv: The milk <u>has been</u> bought by Joe.

- *past perfect*

  Aktiv: Joe <u>had bought</u> the milk.
  Passiv: The milk <u>had been</u> bought by Joe.

- *will-future*

  Aktiv: Joe <u>will buy</u> the milk.
  Passiv: The milk <u>will be</u> bought by Joe.

Aktiv → Passiv

- Das Objekt des Aktivsatzes wird zum Subjekt des Passivsatzes.

- Soll das Subjekt des Aktivsatzes im Passivsatz angegeben werden, wird es als *by-agent* angeschlossen.

  Aktiv: <u>Joe</u>   buys   <u>the milk</u>.
          Subjekt   *Objekt*

  Passiv: <u>The milk</u> is bought <u>by Joe</u>.
          Subjekt   *by-agent*

- Stehen im Aktiv **zwei Objekte**, lassen sich zwei verschiedene Passivsätze bilden. Ein Objekt wird zum Subjekt des Passivsatzes, das zweite bleibt Objekt.

  Aktiv: They   gave   <u>her</u>   <u>a ball</u>.
        Subjekt   *ind. Obj.* *dir. Obj.*

  Passiv: <u>She</u>   was given   <u>a ball</u>.
        Subjekt   *dir. Obj.*

Beachte:

Das indirekte Objekt muss im Passivsatz mit *to* angeschlossen werden.

oder:

Aktiv: They   gave   <u>her</u>   <u>a ball</u>.
      Subjekt   *ind. Obj.* *dir. Obj.*

Passiv: <u>A ball</u> was given <u>to her</u>.
      Subjekt   *ind. Obj.*

Passiv → Aktiv

- Der mit *by* angeschlossene Handelnde *(by-agent)* des Passivsatzes wird zum Subjekt des Aktivsatzes; *by* entfällt.

- Das Subjekt des Passivsatzes wird zum Objekt des Aktivsatzes.

- Fehlt im Passivsatz der *by-agent*, muss im Aktivsatz ein Handelnder als Subjekt ergänzt werden, z. B. *somebody, we, you, they.*

Passiv: The milk   is bought   by Joe.
              Subjekt   *by-agent*

Aktiv: Joe   buys   the milk.
              Subjekt   *Objekt*

Passiv: The match   was won.
              Subjekt

Aktiv: They   won   the match.
              (ergänztes)   *Objekt*
              Subjekt

Der Satz im Englischen

12 Wortstellung – *Word Order*

Im Aussagesatz gilt die Wortstellung
<u>S</u>ubjekt – <u>P</u>rädikat – <u>O</u>bjekt
(subject – verb – object):

- <u>Subjekt</u>: Wer oder was tut etwas?

- <u>Prädikat</u>: Was wird getan?

- <u>Objekt</u>: Worauf / Auf wen bezieht sich die Tätigkeit?

Für die Position von Orts- und Zeitangaben vgl. S. G 4 f.

Cats catch mice.
Katzen fangen Mäuse.

13 Konditionalsätze – *Conditional Sentences*

Ein Konditionalsatz (Bedingungssatz) besteht aus zwei Teilen: einem Nebensatz *(if-clause)* und einem Hauptsatz *(main clause)*. Im *if*-Satz steht die **Bedingung** *(condition)*, unter der die im **Hauptsatz** genannte **Folge** eintritt. Man unterscheidet drei Arten von Konditionalsätzen:

G 25

Konditionalsatz Typ I

Bildung
- *if*-Satz (Bedingung):
  simple present

- Hauptsatz (Folge):
  will-future

Der *if*-Satz kann auch nach dem Hauptsatz stehen. In diesem Fall entfällt das Komma:
- Hauptsatz: *will-future*

- *if*-Satz: *simple present*

Im Hauptsatz kann auch
- ein modales Hilfsverb (z. B. *can, must, may*) + Infinitiv

- sowie der Imperativ

stehen.

If you <u>read</u> this book,
Wenn du dieses Buch liest,

you <u>will learn</u> a lot about music.
erfährst du eine Menge über Musik.

You <u>will learn</u> a lot about music
Du erfährst eine Menge über Musik,

if you <u>read</u> this book.
wenn du dieses Buch liest.

If you go to London, you <u>must</u> <u>visit</u> me.
Wenn du nach London fährst, musst du mich besuchen.

If it rains, <u>take</u> an umbrella.
Wenn es regnet, nimm einen Schirm mit.

Verwendung
Bedingungssätze vom Typ I verwendet man, wenn die **Bedingung erfüllbar** ist. Man gibt an, was unter bestimmten Bedingungen **geschieht** oder **geschehen kann**.

Konditionalsatz Typ II

Bildung
- *if*-Satz (Bedingung):
  simple past

- Hauptsatz (Folge):
  conditional I = would + Infinitiv

If I <u>went</u> to London,
Wenn ich nach London fahren würde,

I <u>would</u> <u>visit</u> the Tower.
würde ich mir den Tower ansehen.

G 26

Verwendung
Bedingungssätze vom Typ II verwendet man, wenn die **Bedingung
nur theoretisch erfüllt** werden kann
oder **nicht erfüllbar** ist.

Konditionalsatz Typ III

Bildung
- *if*-Satz (Bedingung):
  past perfect

  If I had gone to London,
  *Wenn ich nach London gefahren
  wäre,*

- Hauptsatz (Folge):
  *conditional II = would + have +
  past participle*

  I would have visited the Tower of London.
  *hätte ich mir den Tower of London
  angesehen.*

Verwendung
Bedingungssätze vom Typ III verwendet man, wenn sich die **Bedingung auf die Vergangenheit bezieht**
und deshalb **nicht mehr erfüllbar**
ist.

14 Relativsätze – *Relative Clauses*

Ein Relativsatz ist ein Nebensatz, der
sich **auf eine Person oder Sache** des
Hauptsatzes **bezieht** und diese **näher
beschreibt**:

The boy who looks like Jane is her brother.
*Der Junge, der Jane ähnlich sieht, ist ihr
Bruder.*

- Hauptsatz:
- Relativsatz:

The boy … is her brother.
… who looks like Jane …

Bildung
Haupt- und Nebensatz werden durch
das Relativpronomen verbunden.
- ***who*** (Nominativ oder Akkusativ),

Peter, who lives in London, likes travelling.
Peter, der in London lebt, reist gerne.

G 27

whose (Genitiv) und

Sam, <u>whose</u> mother is an architect, is in my class.
Sam, dessen Mutter Architektin ist, geht in meine Klasse.

whom (Akkusativ) beziehen sich auf **Personen**,

Anne, <u>whom</u>/<u>who</u> I like very much, is French.
Anne, die ich sehr mag, ist Französin.

- *which* bezieht sich auf **Sachen**,

The film "Dark Moon", <u>which</u> we saw yesterday, was far too long.
Der Film „Dark Moon", den wir gestern sahen, war viel zu lang.

- *that* kann sich auf **Sachen** und auf **Personen** beziehen und wird nur verwendet, wenn die **Information** im Relativsatz **notwendig** ist, um den ganzen Satz zu verstehen.

The film <u>that</u> we saw last week was much better.
Der Film, den wir letzte Woche sahen, war viel besser.

Verwendung
Mithilfe von Relativpronomen kann man **zwei Sätze miteinander verbinden**.

<u>London</u> is England's biggest city. <u>London</u> is very popular with tourists.
London ist Englands größte Stadt.
London ist bei Touristen sehr beliebt.

<u>London</u>, which is England's biggest city, is very popular with tourists.
London, die größte Stadt Englands, ist bei Touristen sehr beliebt.

Beachte:
Man unterscheidet zwei Arten von Relativsätzen:
- **Notwendige Relativsätze** *(defining relative clauses)* enthalten Informationen, die **für das Verständnis** des Satzes **erforderlich** sind.

The man <u>who is wearing a red shirt</u> is Mike.
Der Mann, der ein rotes Hemd trägt, ist Mike.

Hier kann das Relativpronomen entfallen, wenn es Objekt ist; man spricht dann auch von *contact clauses*.

The book (<u>that</u>) I bought yesterday is thrilling.
Das Buch, das ich gestern gekauft habe, ist spannend.

G 28

- **Nicht notwendige Relativsätze** (*non-defining relative clauses*) enthalten **zusätzliche Informationen** zum Bezugswort, die für das Verständnis des Satzes nicht unbedingt notwendig sind. Dieser Typ von Relativsatz wird **mit Komma** abgetrennt.

Sally**,** who went to a party yesterday**,** is very tired.
Sally, die gestern auf einer Party war, ist sehr müde.

15 Indirekte Rede – *Reported Speech*

Die indirekte Rede verwendet man, um **wiederzugeben, was ein anderer gesagt** oder **gefragt hat.**

Bildung
Um die indirekte Rede zu bilden, benötigt man ein **Einleitungsverb.**
Häufig verwendete Einleitungsverben sind:

to say, to tell, to add, to mention, to think, to ask, to want to know, to answer

In der indirekten Rede verändern sich die **Pronomen**, in bestimmten Fällen auch die **Zeiten** und die **Orts-** und **Zeitangaben.**

- Wie die Pronomen sich verändern, hängt vom jeweiligen **Kontext** ab.

direkte Rede	indirekte Rede
Bob says to Jenny: "I like y<u>ou</u>." *Bob sagt zu Jenny: „Ich mag dich."*	Jenny tells Liz: "Bob says that he likes <u>me</u>." *Jenny erzählt Liz: „Bob sagt, dass er mich mag."*
Aber:	Jenny tells Liz that Bob likes <u>her</u>. *Jenny erzählt Liz, dass Bob sie mag.*

- **Zeiten**:
Keine Veränderung, wenn das Einleitungsverb
im *simple present,* im Futur oder
im *present perfect* steht:

direkte Rede	indirekte Rede
Bob <u>says</u>, "I <u>love</u> dancing." *Bob sagt: „Ich tanze sehr gerne."*	Bob <u>says</u> (that) he <u>loves</u> dancing. *Bob sagt, er tanze sehr gerne.*

G 29

Die Zeit der direkten Rede wird in der indirekten Rede normalerweise **um eine Zeitstufe zurückversetzt**, wenn das **Einleitungsverb** im *past tense* oder *past perfect* steht:

simple present →	*simple past*
simple past →	*past perfect*
present perfect →	*past perfect*
will-future →	*conditional I*

Bob said, "I love dancing."
Bob sagte: „Ich tanze sehr gerne."

Bob said (that) he loved dancing.
Bob sagte, er tanze sehr gerne.

Joe: "I like it."
Joe: "I liked it."
Joe: "I've liked it."
Joe: "I will like it."

Joe said he liked it.
Joe said he had liked it.
Joe said he had liked it.
Joe said he would like it.

- **Zeitangaben** verändern sich, wenn der Bericht zu einem späteren Zeitpunkt erfolgt, z. B.:

now	→	then, at that time
today	→	that day, yesterday
yesterday	→	the day before
tomorrow	→	the following day
here	→	here *[noch am selben Ort]* / there *[anderer Ort]*

- Welche **Ortsangabe** verwendet wird, hängt davon ab, wo sich der Sprecher im Moment befindet.

Bildung der indirekten Frage
Häufige Einleitungsverben für die indirekte Frage sind:

to ask, to want to know, to wonder

- **Fragewörter** bleiben in der indirekten Rede **erhalten**. Die **Umschreibung** mit *do/does/did* **entfällt** in der indirekten Frage.

Tom: "When did they arrive?"
Tom: „Wann sind sie angekommen?"

Tom asked when they had arrived.
Tom fragte, wann sie angekommen seien.

- Enthält die direkte Frage **kein Fragewort**, wird die indirekte Frage mit *whether* oder *if* eingeleitet:

Tom: "Are they staying at the hotel?"
Tom: „Übernachten sie im Hotel?"

Tom asked if / whether they were staying at the hotel.
Tom fragte, ob sie im Hotel übernachten.

Befehle/Aufforderungen in der indirekten Rede
Häufige Einleitungsverben sind:

to tell, to order, to ask

In der indirekten Rede steht hier **Einleitungsverb + Objekt + (*not*) *to* + Infinitiv**.

Tom: "Leave the room."
Tom: „Verlass den Raum."

Tom told me to leave the room.
Tom forderte mich auf, den Raum zu verlassen.

G 30

Anhang

16 Liste wichtiger unregelmäßiger Verben – *List of Irregular Verbs*

Infinitive	Simple Past	Past Participle	*Deutsch*
be	was/were	been	*sein*
begin	began	begun	*beginnen*
blow	blew	blown	*wehen, blasen*
break	broke	broken	*brechen*
bring	brought	brought	*bringen*
build	built	built	*bauen*
buy	bought	bought	*kaufen*
catch	caught	caught	*fangen*
choose	chose	chosen	*wählen*
come	came	come	*kommen*
cut	cut	cut	*schneiden*
do	did	done	*tun*
draw	drew	drawn	*zeichnen*
drink	drank	drunk	*trinken*
drive	drove	driven	*fahren*
eat	ate	eaten	*essen*
fall	fell	fallen	*fallen*
feed	fed	fed	*füttern*
feel	felt	felt	*fühlen*
find	found	found	*finden*
fly	flew	flown	*fliegen*
get	got	got	*bekommen*
give	gave	given	*geben*
go	went	gone	*gehen*
grow	grew	grown	*wachsen*
hang	hung	hung	*hängen*
have	had	had	*haben*
hear	heard	heard	*hören*
hit	hit	hit	*schlagen*
hold	held	held	*halten*
keep	kept	kept	*halten*
know	knew	known	*wissen*

G 31

Infinitive	Simple Past	Past Participle	*Deutsch*
lay	laid	laid	*legen*
leave	left	left	*verlassen*
let	let	let	*lassen*
lie	lay	lain	*liegen*
lose	lost	lost	*verlieren*
make	made	made	*machen*
meet	met	met	*treffen*
pay	paid	paid	*bezahlen*
put	put	put	*stellen/setzen*
read	read	read	*lesen*
ring	rang	rung	*läuten/anrufen*
run	ran	run	*rennen*
say	said	said	*sagen*
see	saw	seen	*sehen*
send	sent	sent	*schicken*
show	showed	shown	*zeigen*
sing	sang	sung	*singen*
sit	sat	sat	*sitzen*
sleep	slept	slept	*schlafen*
smell	smelled/smelt	smelled/smelt	*riechen*
speak	spoke	spoken	*sprechen*
spend	spent	spent	*ausgeben/ verbringen*
stand	stood	stood	*stehen*
steal	stole	stolen	*stehlen*
swim	swam	swum	*schwimmen*
take	took	taken	*nehmen*
teach	taught	taught	*lehren*
tell	told	told	*erzählen*
think	thought	thought	*denken*
throw	threw	thrown	*werfen*
wake	woke	woken	*aufwachen*
wear	wore	worn	*tragen*
win	won	won	*gewinnen*
write	wrote	written	*schreiben*

Realschulabschluss Englisch in Sachsen
Sprachpraktischer Teil: Übungsaufgaben

1 Presentation

Prepare a presentation on the topic "Light in our everyday lives".
As this is quite an open topic, first take your time to collect your ideas. Make a
mind map, for example, and talk to your parents and friends about what "Light
in our everyday lives" means to them. Then start working on the project. When
you have finished your project, start preparing the presentation for the oral exam.
Read through the tips on page III (Hinweise und Tipps zum Realschulabschluss
in Sachsen) and structure your presentation accordingly.

2 Reaction

2.1 Express in English

a) Meeting a friend

Partner A	Partner B
Begrüße deine(n) Freund(in) und frage, wie es geht. Sage, dass ihr euch lange nicht gesehen habt.	
	Antworte freundlich auf die Begrüßung. Sage, dass ihr euch das letzte Mal beim Basketballspiel in Leipzig getroffen habt.
Frage, was dein(e) Freund/Freundin heute vorhat.	
	Sage, dass du einkaufen gehen willst und dass es dich stört, dass die Geschäfte so voll sind.
Du findest auch, dass zu viele Leute unterwegs sind. Aber du wunderst dich nicht, da es Wochenende ist.	
	Frage deinen Gesprächspartner, ob er/sie die vielen Graffiti gesehen hat.
Sage, dass du Graffiti toll findest, wenn sie gut gemacht sind. Auch hier sind beeindruckende Bilder zu sehen.	

1

	Sage, dass es dir gefällt, dass die langweiligen Bauzäune auf diese Art verschwinden und es eine tolle Gelegenheit für Sprayer ist, ihr Können zu zeigen.
Erkläre, dass es hier legal ist zu sprühen, aber an den Schulwänden oder am Bahnhof einfach hässliche Schmierereien sind.	
	Stimme zu. Sage, dass du es auch nicht gut findest, dass einige Jugendliche Kunst und Beschädigung verwechseln.

b) At a youth hostel

Partner A	Partner B
Begrüße den Gast und frage, wie du behilflich sein kannst.	
	Grüße ebenfalls und sage, dass du für dich und deine Freunde eine Übernachtung suchst.
Sage, dass du hoffst, entsprechende Zimmer anbieten zu können. Frage, wie viele Personen eine Übernachtung brauchen.	
	Sage, dass ihr zu viert seid und dass ihr zwei Nächte bleiben möchtet.
Erkläre, dass das kein Problem ist. Gerade sind einige Gäste abgereist. Frage, ob sie zwei 2- oder ein 4-Bett-Zimmer möchten.	
	Sage, dass ihr gern zwei 2-Bett-Zimmer hättet. Frage nach den Duschmöglichkeiten der Herberge.
Gib Auskunft, dass es auf jeder Etage Duschen gibt.	
	Drücke aus, dass ihr euch für die Zimmer interessiert. Frage nach dem Preis.
Antworte, dass eine Übernachtung 10 € pro Person und das Frühstück 4,50 € kosten.	

	Buche die Zimmer und erkundige dich, wann es Frühstück gibt.
Sage, dass man von 7–10 Uhr in der Jugendherberge frühstücken kann. Die Zimmer befinden sich in der zweiten Etage.	
	Bedanke dich für die Hilfe. Wünsche einen schönen Tag.

2.2 Interview

a) Talk about your family.

b) Do you have your own room? Describe it.

c) How did you relax after school?

d) What are you going to do after your exam today?

e) What are your favourite free-time activities?

f) Tell us something about your future job.

g) How did you feel at the beginning of your school time and how do you feel today?

2.3 Communication

a) Imagine your English pen friend has invited you on a day trip to London. After the sightseeing tour you've still got three hours till the beginning of the musical. Discuss whether to visit the Tower and Tower Bridge (interesting but expensive), Madame Tussauds (entertaining but very expensive!), London Dungeon (scary!) or the Science Museum (free entrance). Decide together what to do.

b) Imagine the following situation: you want to lose weight together with your partner because that's easier. But you have different ideas of how to be successful. Agree on a way to achieve your goal: less weight!

Partner A	Partner B
– You want to follow a diet only. – You don't like sports and you are no good at them.	– You want to eat normally and do sports such as jogging, Nordic walking, badminton or fitness training.

3

Lösungsvorschlag

1   Presentation

Hinweis: Hier handelt es sich um einen Lösungsvorschlag, das heißt, du brauchst nicht zu erschrecken, wenn deine Lösung ganz anders aussieht. Wichtig ist jedoch, dass du dir den Aufbau dieses Lösungsvorschlages genau ansiehst, denn auch in deiner Präsentation solltest du über folgende Aspekte sprechen:
Als Erstes musst du dein Thema vorstellen. Es kann sich um ein Modell aus dem Technikunterricht, um ein Plakat für Deutsch, oder um eine PowerPoint Präsentation im Fach Englisch handeln. Erkläre auch, warum du dich für dieses Thema entschieden hast (z. B. Aktualität, spezielle Interessen, Besonderheit der Aufgabenstellung).
Außerdem solltest du auf die Arbeitsweise eingehen: Hast du alleine, mit einem Partner oder in einer Gruppe gearbeitet? Erkläre, warum du dich für eine bestimmte Arbeitsform entschieden hast und erläutere auch die Vor- und Nachteile.
Darüber hinaus solltest du beschreiben, wie und wo du dir Material beschafft hast (z. B. Internet, Bibliothek, Zeitung, Interview) und wie du damit umgegangen bist, also wie du das Material strukturiert hast.
Dein Lehrer möchte auch erfahren, welche Schwierigkeiten bei der Erarbeitung auftraten und wie du damit umgegangen bist. Konntest du die Probleme selbst lösen oder hat dir jemand geholfen? Wie lange hast du insgesamt an deinem Projekt gearbeitet?
Schließlich solltest du noch ein paar Worte über das Ergebnis verlieren: Wie wurde die Arbeit bewertet? Warst du selbst mit deinem Ergebnis zufrieden und warum? Würdest du das nächste Mal etwas anders machen? Welche Schlussfolgerungen kannst du aus deiner Arbeit bzw. Arbeitsweise für die Zukunft ziehen?

Light in our everyday lives

I'd like to talk to you about a special project in art that I did this year. The topic I worked on was "Light in our everyday lives".

Our teacher allowed us to work alone or with a partner. First I wanted to work with a friend of mine but then we realised that it was quite difficult to organize, for example to decide on what to do and when to meet, so we soon agreed to work on our own. That was a good decision for me.

After collecting some ideas on how to handle this topic I had the idea to take photos of people in happy situations, situations that bring light into our lives or, to say it in other words, that brighten up our lives. I spoke with my family to help me. We made a list of happy occasions such as the birth of a baby, birthdays, the first day at school, a wedding, holidays and so on.

The next step was to make a plan where and when I could take such special photos. It was not always easy to find so many different motives, but in the end I got them – 120 different photos on light in our everyday lives.

This is my album. I made everything myself: the album and the photos!

I put 40 photos in it that show people who are happy, satisfied or sometimes proud. I stored the other 80 photos on a CD, which I also included in my album. For today I have prepared a slide show with the best pictures.

(Start the slide show on laptop and comment on the photos)

All in all I worked 40 to 50 hours on this project. I started in October and finished it in March. It was hard work, especially in the end, when I had to put everything together, but I also had lots of fun as you can see in some of the photos I took of my family. Look at the last photo: This is me after finishing my project! I was really happy at that moment.

Apart from having a good time, I also learned a lot: the topic opened my eyes for a lot of happiness in our everyday lives and, most importantly, I learned to take better photos. I have also enrolled in a photography course, which starts next month.

In the end I was very satisfied to get a really good mark for this album and my presentation.

2 Reaction

2.1 Express in English

Hinweis: Du erhältst für deinen Part deutsche Vorgaben, weißt aber nicht, welche Informationen deinem Gesprächspartner vorliegen. In einer Vorbereitungszeit von 10 Minuten kannst du deine Rolle erarbeiten. Achte bei der Dialogführung darauf, dass du deinen Gesprächspartner aussprechen lässt und dass du auch nachfragst, wenn du etwas nicht verstanden hast.

a) Meeting a friend

Begrüße deine(n) Freund(in) und frage, wie es geht. Sage, dass ihr euch lange nicht gesehen habt.	*Hi, nice to see you. How are you? We haven't seen each other for a long time.*
Hi! That's right. I think the last time we met was at the basketball match in Leipzig.	Antworte freundlich auf die Begrüßung. Sage, dass ihr euch das letzte Mal beim Basketballspiel in Leipzig getroffen habt.
Frage, was dein(e) Freund/Freundin heute vorhat.	*What are you going to do today?*
Oh, I'm going to go shopping. But the shops are terribly full.	Sage, dass du einkaufen gehen willst und dass es dich stört, dass die Geschäfte so voll sind.

5

Du findest auch, dass zu viele Leute unterwegs sind. Aber du wunderst dich nicht, da es Wochenende ist.	*Yes, I think so, too. A lot of people are out and about. But it doesn't surprise me, it's the weekend!*
Have you seen all the graffiti?	Frage deinen Gesprächspartner, ob er/sie die vielen Graffiti gesehen hat.
Sage, dass du Graffiti toll findest, wenn sie gut gemacht sind. Auch hier sind beeindruckende Bilder zu sehen.	*Yes, they are great if they are done well. I like them. There are some very impressive ones here.*
It's good that the boring construction fences are camouflaged in this way. And it's a great opportunity for sprayers to show their abilities.	Sage, dass es dir gefällt, dass die langweiligen Bauzäune auf diese Art verschwinden und es eine tolle Gelegenheit für Sprayer ist, ihr Können zu zeigen.
Erkläre, dass es hier legal ist zu sprühen, aber an den Schulwänden oder am Bahnhof einfach hässliche Schmierereien sind.	*And it's legal to spray here. But the graffiti on the school walls and at the train station are just ugly.*
You're right. In my opinion some young people mix up art and property damage.	Stimme zu. Sage, dass du es auch nicht gut findest, dass einige Jugendliche Kunst und Beschädigung verwechseln.

b) At a youth hostel

Begrüße den Gast und frage, wie du behilflich sein kannst.	*Good morning. How can I help you? / Can I help you?*
Good morning. I'm looking for an accommodation for me and my friends.	Grüße ebenfalls und sage, dass du für dich und deine Freunde eine Übernachtung suchst.
Sage, dass du hoffst, entsprechende Zimmer anbieten zu können. Frage, wie viele Personen eine Übernachtung brauchen.	*I hope that I'll have the right rooms / appropriate rooms for you all. How many people need a room?*
We're a group of four and we'd like to stay for two nights.	Sage, dass ihr zu viert seid und dass ihr zwei Nächte bleiben möchtet.
Erkläre, dass das kein Problem ist. Gerade sind einige Gäste abgereist. Frage, ob sie zwei 2- oder ein 4-Bett-Zimmer möchten.	*That's no problem. Some guests have just left. Would you like double rooms or would the four of you like to share one room?*

We'd like to take two double rooms. What about the showers?	Sage, dass ihr gern zwei 2-Bett-Zimmer hättet. Frage nach den Duschmöglichkeiten der Herberge.
Gib Auskunft, dass es auf jeder Etage Duschen gibt.	There are showers on each floor.
That sounds good. I think we'll take the rooms. How much is it per person?	Drücke aus, dass ihr euch für die Zimmer interessiert. Frage nach dem Preis.
Antworte, dass eine Übernachtung 10 € pro Person und das Frühstück 4,50 € kosten.	One night costs 10 € a person. Breakfast is 4.50 €.
That's fine. We'll take the rooms. When is breakfast time?	Buche die Zimmer und erkundige dich, wann es Frühstück gibt.
Sage, dass man von 7–10 Uhr in der Jugendherberge frühstücken kann. Die Zimmer befinden sich in der zweiten Etage.	You can have breakfast from 7 to 10 o'clock. Your rooms are on the second floor.
Thank you very much. Have a nice day.	Bedanke dich für die Hilfe. Wünsche einen schönen Tag.

2.2 Interview

Hinweis: Aus dem Englischunterricht ist dir die Gesprächstechnik mit deinem Lehrer vertraut. Im Interview möchte dein Fachlehrer mit dir über deinen persönlichen Lebensbereich sprechen. Beachte, dass Fragen über Vergangenes, Gegenwärtiges und Zukünftiges gestellt werden. Das heißt für dich, dass du dich in den Zeitformen gut auskennen solltest. Bei der Beantwortung der Fragen solltest du stets versuchen ausführlich zu antworten, d. h. vermeide wenn möglich Satzfetzen oder „3-Wort-Sätze“.
Die folgenden Antworten sind wieder mögliche Beispielantworten. Hier kannst du dir Anregungen für ausführliche Antworten holen. Du kannst dir auch diese hilfreichen Wendungen notieren, die du dann in deiner persönlichen Antwort verwenden kannst.

a) We are a (happy) family of (four): my dad, my mum, my brother/sister and me.
My dad is … years old. He is a (plumber). My mum is … years old. She works as a (shop-assistant). My parents are always fair/nice/funny/…
My brother/sister is younger/older than me. He/She goes to grammar school. He/She is in year … My brother's hobbies are …/In her free time my sister likes to …

b) Yes, I have. It's not very big, but there's enough room for sleeping, reading, doing my homework, watching TV and playing games. My favourite possession is my new computer, which I got as a birthday present.

7

Or: No, I haven't. I share my room with my younger/older brother, which is a problem sometimes, because he's untidy and lazy and takes my clothes, CDs, etc. That makes me angry.

c) After school I ate a little lunch (that) my mum had prepared. Sometimes I cooked for myself. In that case I only had pasta with tomato sauce. Then I listened to music and played computer games.
Or: I met one of my friends and we went shopping.

d) After my exam today I'm going to meet my mum in the town centre. We want to celebrate that the final exams are nearly over and we want to buy new clothes for the school finishing party. I'm sure we'll go to a restaurant, too.

e) My favourite free-time activities are inline skating and swimming in summer, ice skating and skiing in winter. I love being around people and meeting friends. And I like reading, especially when it is raining outside.

f) In August I'm starting my apprenticeship. I want to become a (car mechanic), because I've always been interested in (cars). Unfortunately I have to move to another town, because I couldn't find an apprenticeship in my hometown. I'll have to live, learn and work in (Wolfsburg) for three years. But I hope I'll get a job here later, because I don't want to live too far away from my family and friends.

g) At the beginning of my school time I was very happy that I was a pupil finally and I was looking forward to learning how to read and write. I was curious about my teachers and future classmates. I was so excited that I wasn't able to eat my breakfast on my first school day.
Today I'm happy that the hard school time is almost over and I'm looking forward to starting a new part of my life that will enable me to earn my own money. Then I'll be able to do and buy what I want.

2.3 Communication

Hinweis: Im Communication-Teil steht das Gespräch / die Diskussion zu einem vorgegebenen Thema im Mittelpunkt. Dein Gesprächspartner und du erhaltet im Prüfungsraum die Aufgabe, euch mit einer bestimmten Thematik unvorbereitet auseinanderzusetzen. Wie du aus dem Unterricht weißt, helfen euch Bildimpulse, Überschriften und Stichwörter dabei, einen Einstieg zu finden.
Bei dieser Aufgabe kommt es darauf an, dich mit deinem Gesprächspartner auseinanderzusetzen, deine Argumente darzustellen und dich zu deinen Ansichten zu äußern. Gut ist es, wenn ihr am Ende auch eine Einigung erzielt oder eine Lösung findet. Lies dir die Beispieldialoge durch, um eine Vorstellung davon zu bekommen, wie ein solcher Dialog ablaufen kann.

a) Partner A and partner B are talking.

A: We still have three hours to do some more sightseeing. What about visiting the Tower and walking over Tower Bridge? They are the most famous sights of London and we can say that we've been there, too.

B: Oh, no. Madame Tussauds is much more interesting. Let's go there.

A: But the admission charge is so expensive. I've heard that one ticket costs about 18 pounds. I don't want to spend so much on one ticket.

B: Well, the Tower is quite expensive, too. If you don't want to spend so much on a ticket, we can also go to the Science Museum. You don't have to pay to visit the museum, but I'm not sure if you are that interested in science ....

A: Not really, but I've got another suggestion: let's go to London Dungeon. It's scary, but we're old enough. And we can learn something about the criminal history of London. I know that the tickets for the Dungeon are cheaper.

B: OK, then let's go to London Dungeon. And perhaps we'll have time to walk over Tower Bridge and take photos there.

b) Partner A and partner B are standing in front of a big mirror.

A: I think we should lose a little bit of weight. Yesterday I read an interesting article about a new diet. It's easy to follow.

B: I'm sorry, but no diet! This diet food tastes terrible. We know which things are unhealthy and fattening. So eating normally and doing sports is better in order to lose weight.

A: Sports – who likes sports? I don't do sports at all.

B: Why don't you like sports? There are lots of different kinds of sports. Have you ever tried Nordic walking, badminton, jogging or fitness training in a studio?

A: No, I haven't. But I don't like sports because of my PE teacher. He was very strict and made jokes about me being weak.

B: OK, what do you think about this: We make a little wall display for our kitchen about healthy and unhealthy food and what and how much to drink. Then we try out some kinds of sports to find out which you would like to do. We can practise together and I promise you that I'll never laugh or joke.

A: OK, I agree. But if we aren't successful, we'll follow the diet.

B: I'm sure we'll lose weight!

| Realschulabschluss Englisch (Sachsen) |
| Abschlussprüfung 2013 |

1 Listening   (15 BE)

Au-pair in the USA

Marie, a German girl, wants to work as an au-pair in an American family in Philadelphia.

You will hear about her preparations at home and her taxi ride to the family. There are three parts. You will hear each part twice.

1. First listen to Marie's phone call to her host father and complete her notes in English.   (6 BE)

Things to ask Mr Parker		
parents' jobs:	mother – _____	father – pilot
children:	daughter – Jenny	son – Gordon
duties:	• assisting the kids with brushing their teeth	
	• _____	
	• _____	
days off:	_____ and _____	
working hours:	_____ hours a week	
payment	_____ $ a week	

2. Now listen to the talk during the taxi ride to Marie's host family. Decide whether the following statements are true or false. Mark the correct option.   (4 BE)

	true	false
a) The taxi ride to the host family takes less than half an hour.	☐	☐
b) The Americans celebrate Thanksgiving on 4th November.	☐	☐
c) Students only have Thanksgiving Day off.	☐	☐
d) The taxi driver has to work all the time on Thanksgiving.	☐	☐

2013-1

3. Now listen to a recipe that can be heard on the radio during the taxi ride. First mark the 5 ingredients you need. Then mark the correct option how to make the cookies.

(5 BE)

a) Mix some ingredients to make two separate mixtures,
☐ a flour and a pumpkin mixture.
☐ a flour and a nuts mixture.
☐ a nuts and a pumpkin mixture.

b) Put the two mixtures together and add vanilla, nuts and
☐ chocolate chips.
☐ cinnamon.
☐ lemon peel.

c) Put it on the baking paper in
☐ 8 portions.
☐ 12 portions.
☐ 20 portions.

d) Bake the cookies at
☐ 150 °C.
☐ 175 °C.
☐ 350 °C.

2013-2

2 Reading (15 BE)

2.1 Comprehension

Read sections 1–5. Then do tasks 1–3.

(1) People have always gone abroad in search of opportunity. Judging by what's on German television, the situation today is not different. Several TV programmes have followed the fates of families and individuals who have left in order to start a new life in another place. Programmes like *Goodbye, Deutschland!* or *Auf und davon* teach us that it's easy to underestimate the challenges of moving to another country, but that it's also easy to learn lessons that will remain valuable later in life. A month, six months or a couple of years spent in different surroundings can give you an appreciation of other cultures. In the following texts you can read about German people living abroad.

(2) Countries Germans emigrated to in 2009

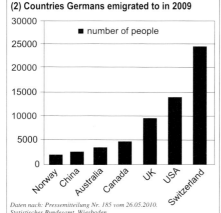

Daten nach: Pressemitteilung Nr. 185 vom 26.05.2010.
Statistisches Bundesamt, Wiesbaden.

(3) Dirkules – the German Wunderkind

Dirk Nowitzki, who is now in his 30s, is one of the best known Germans in America of all time. He began his basketball rise to fame in Germany with DJK Würzburg. He was 19 when he was spotted playing for a Junior Select Team against a team of US Juniors. Nowitzki was the first German basketball player to be transferred directly from Europe into the NBA League. If you've seen him play, you will know what makes him such a great player. He is extremely agile for a "7-footer" (players of 2.13 m and over). When he is not scoring baskets, Dirk likes to play the saxophone and the guitar and also enjoys reading a good book. By the way, Dirk is very modest and prefers to give his money to charities like his own Dirk Nowitzki Foundation, which aims to help poor children throughout the world.

(4) Go Ahead! How young people help to make life better in South Africa

Driving across bumpy African roads, hiking through national parks, riding an elephant, seeing the beautiful Victoria Falls – Jan Bildhauer did all of that as a child. The young chairman of *Go Ahead!*, an aid and development organisation that helps children in South Africa, says those early experiences had a big influence on his character and his career plans.
It all started with his father's dream of travelling from Cape Town in South Africa to Nairobi in Kenya. Herr Bildhauer shipped a car to Cape Town, and in 1994, the family – Jan and his younger brother and their parents – set out on the first stage of the journey. They returned to Africa five times, staying for four to eight weeks each time.
After Jan finished school, he decided against military service and chose to become a volunteer on the "Anderer Dienst im Ausland" programme. Along with other young volunteers Jan worked for God's Golden Acre (GGA), a development project. The young volunteers wanted to do more for children in South Africa, and so the idea for Go Ahead! was born.

(5) A school year in China

Friendly schoolmates, fantastic food and a rich, colourful culture full of contrasts – that's Katharina Wedel's impression of China after spending a year at school in Deyang City in the heart of Sichuan. Katharina travelled to Deyang through an excellent student exchange programme and she had a great time. Her school had around 9,000 students, including 1,500 boarders, and it was a bit disorganised, but Katharina still learned a lot. She did not have to attend all the lessons, so there was time to travel and to make friends with other exchange students in her area.

1. Find the sections that match the following descriptions. Write down one number per description. (3 BE)

	number
In this section you learn where people went when they left Germany.	
This section tells you about a person whose experiences as a child strongly influenced later career plans.	
This section is about someone who has been living abroad for some time now and is very famous and successful.	

2. Decide whether the following statements are true, false or not given. Mark the correct option. (4 BE)

	true	false	not given
a) TV programmes show that people can misjudge the problems before leaving their country.	☐	☐	☐
b) In 2009 fewer Germans emigrated to the USA than to Canada.	☐	☐	☐
c) Nowitzki is appreciated in the NBA League because, although quite tall, he is a very mobile player.	☐	☐	☐
d) Dirk Nowitzki belongs to the best paid players of the NBA.	☐	☐	☐

3. Find the content mistake. Correct each sentence and write it down. (3 BE)

a) After school Jan Bildhauer decided against volunteering on the "Anderer Dienst im Ausland" programme.

correct:

_____

b) *Go Ahead!* is an organisation that helps women in South Africa.

correct:

_____

c) Katharina's school in Deyang City had around 9,000 students and 1,500 boarders.

correct:

_____

2013-4

2.2 Mediation   (5 BE)

There are many things you should think of before going abroad.
Read the information and write down five tips in German that are important when you want to spend some time abroad.

Tips for going abroad

Living and/or studying in a foreign country is as difficult as exciting. To ensure an enjoyable stay, be ready to adapt to the culture of your destination country.
Here are some things you should think of before leaving:

- Apply for the passport in time to avoid final problems.
- Learn about the basic laws and customs of that place. Don't forget to follow them!
- Respect the country's dress codes, greeting styles, traffic rules and other manners and rules.
- Read the consular information sheet carefully to be familiar with the travel information about the respective country.
- Enhance your communication skills and subject knowledge to be prepared to face the visa interviews with confidence.

---

3 Writing

(40 BE)

3.1 Language components

(10 BE)

Mark the correct option in the chart below.

Heinz Ketchup – a story of success

This is an invention everybody knows throughout the world. Did you know that Henry John Heinz was the person (**1**) created this very tasty tomato sauce? His parents (**2**) from Germany to Pittsburgh US in the late 1900s.

As a child he sold excess vegetables from his (**3**) garden and by high school he was buying veggies at wholesale and delivering them to neighbours' homes. After (**4**) business college he worked in the office of his father's brick factory. Together with his friend L. Clarence Noble he opened his first company in 1869 selling (**5**) horseradish and added pickles, sauerkraut and vinegar to their products.

But 5 years later they (**6**) bankrupt. In 1875 he started F&J Heinz Co. with his brother Frederic and cousin John. Soon (**7**) that, Heinz was the country's leading manufacturer of ketchup, mustard, pickles and vinegar.

Many of (**8**) business ideals and principles, almost unheard of at the time, remain progressive to this day. For example, he did business based on the simple idea that every profit should be earned (**9**). Another principle of Henry Heinz was his hatred of waste of any kind. He inspired each of his employees to avoid even the (**10**) waste of material, time and opportunity.

adapted from: http://www.nndb.com/people/126/000057952/

(1)	☐ where	☐ which	☐ who	☐ whose
(2)	☐ are coming	☐ came	☐ come	☐ have come
(3)	☐ mother	☐ mother's	☐ mothers	☐ mothers'
(4)	☐ attend	☐ attended	☐ attending	☐ attends
(5)	☐ bottle	☐ bottled	☐ bottling	☐ bottles
(6)	☐ go	☐ goes	☐ gone	☐ went
(7)	☐ after	☐ behind	☐ following	☐ next
(8)	☐ her	☐ his	☐ our	☐ your
(9)	☐ honest	☐ honestly	☐ honesty	☐ honour
(10)	☐ more slight	☐ most slight	☐ slighter	☐ slightest

2013-6

3.2 Guided writing (15 BE)

Write an e-mail to an English-speaking friend and tell them about your participation in a work and travel programme. Please use these notes to write your e-mail in English:

- Sie sind seit letztem Monat in Schottland und wollen ein halbes Jahr bleiben. (2 BE)
- Der Flug nach Glasgow war wegen des stürmischen Wetters aufregend. (1 BE)
- Sie arbeiten in einem Hotel täglich von 9–18 Uhr und sind in verschiedenen Bereichen wie Reinigung und Restaurant tätig. (3 BE)
- Es ist ungewohnt, den ganzen Tag zu arbeiten und Sie vermissen Ihre Freunde/Familie. (2 BE)
- Das größte Problem war, eine günstige Unterkunft in der Nähe des Hotels zu finden. Sie teilen sich eine Wohnung mit einem Studenten aus Polen. (2 BE)
- Die letzten 2 Wochen wollen Sie durch das Land reisen und sich Sehenswertes anschauen. (2 BE)

3.3 Creative writing   (15 BE)

Choose one topic and mark it. Write a text of about 180 words. Count your words.

☐ 1. **Discovering other cultures, people and places**
   Choose and give a short description of a place on earth where you would like to travel to. Explain why. Think of the travel period, steps of preparation, planned activities there, customs, traditions, …
   Write an entry for an international travel magazine.

☐ 2. **Staying abroad in a host family – one way to learn a foreign language**
   You have decided to stay in a host family in an English-speaking country for a longer period. Introduce yourself and explain why you have chosen this kind of learning the language.
   Don't forget to ask some questions.
   Write a letter to your future hosts.

☐ 3. **Being a "Wunderkind"**
   It is not necessary that you are a "Wunderkind" to be proud of yourself. What have you been proud of so far? Describe situations you had to manage and how they have influenced your life. Consider challenges and difficulties.
   Write an entry for a blog.

☐ 4. **Discovering Germany as a foreign tourist**
   Germany is a country worth seeing. It offers nature for relaxation, nice cities, special traditions, … Introduce your home country/region to foreign tourists in an interesting way.
   Write an article for a website.

Lösungsvorschlag

1 Listening

Tapescript 1

MR PARKER: Hello.

MARIE: Hello. My name is Marie. I'm calling from Germany. Do you remember that I applied as an au pair? Am I speaking to Mr Parker?

5 MR PARKER: Yeah, I'm Adam Parker. I'm glad to get in contact with you. I read your profile on "aupaircontact" and we're really interested in children's au pair. I mean my wife Katie and I – we're really busy. She's a doctor and I'm a pilot and we really need someone to take care of our children.

MARIE: Yeah, I see. So how many kids do you have?

10 MR PARKER: Oh, we have two lovely kids. My daughter Jenny, she's four. She's a bit shy and my son Gordon. He really loves sports, especially baseball. Do you actually have any work experience with children?

MARIE: Yeah, yeah, I do, I do. I've already worked in a kindergarten here in Germany. Hm, could you tell me what duties I'll have in your house?

15 MR PARKER: You just mainly look after the children, take really good care of them, assist them with hygiene, brushing their teeth and such. And yeah, just plan activities for them so that they can have some fun and stay busy. And also you'll need to organize and prepare healthy, varied and well-balanced meals for them. We like home-cooked food and we'd also like you to eat with our children.

20 Do you have a driver's licence?

MARIE: Yes, I do. I got it at the age of 17.

MR PARKER: That's great. Yeah, we have a "Chevi" and you'll use it to take Jenny to kindergarten and Gordon to elementary school and pick them up in the afternoons. And also Gordon has baseball practices on Tuesday and he'll need a ride to that.

25 It's an automatic, that shouldn't be a problem, right?

MARIE: No, it isn't. What I wanted to know, do I have to clean the children's room or do any other work in the house?

MR PARKER: Oh, no, not really at all. You'll just have to do the children's laundry and that's about all, and maybe do some shopping.

30 MARIE: Oh, that's not a problem at all. Ah, will I have a day off?

MR PARKER: You'll have Saturdays and Sundays off because as a family we do a lot of activities and you can relax, meet some friends or do whatever that seems fun to you. You'll only be working about 25 to 30 hours a week and you'll be being paid about 270 dollars a week. And if you work with us for a full year, you'll have

35 two paid weeks of vacation and also we'll pay for your flight ticket over.

MARIE: Really, oh great. Thank you so much. It'll be a great pleasure to work for you. It's exactly what I imagined this job to be. So I'm totally excited about meeting you.

MR PARKER: That's gawdy, good to hear.

MARIE: When do I start to work?

40 MR PARKER: You'll start on 20th November. I mean, my wife and I – we're really busy and we'll need someone as soon as possible.

2013-9

MARIE: Ok, sure. It'll be possible to start on 20th November.

MR PARKER: That's great. See you then and we're looking forward to meeting you.

MARIE: Me too, so see you. Bye.

45 MR PARKER: Bye.

Tapescript 2

MARIE: Good morning!

TAXI DRIVER: Hello, good morning. So, where would you like to go?

MARIE: I need to go to 243 Rodeo Drive, please. How long will the ride take us?

50 TAXI DRIVER: Ah, let's say about 20 minutes. Hop on in, I'll take you there. And by the way, where are you from?

MARIE: I'm from Leipzig, Germany.

TAXI DRIVER: Wow, Leipzig, that's far away. You're here to visit some friends, your relatives in the US? Yeah, Turkey Day is coming up soon.

55 MARIE: Well, yeah, I want to work as an au pair here in Philadelphia. Excuse me, what's Turkey Day?

TAXI DRIVER: Oh, so you probably didn't know that. Turkey Day is a nickname for Thanksgiving actually and Thanksgiving is one of the big six major holidays here in America along with, obviously, Christmas, New Year's Day. And Thanksgiv-

60 ing is always celebrated on the 4th Thursday of November. Do you know why Americans celebrate it?

MARIE: Well. Yeah, actually I've heard about it. I learnt something about it in my English and History lessons. And well, I'm not sure. But I think that first Thanksgiving was celebrated to give thanks to God for safely guiding people to the New World.

65 TAXI DRIVER: You sound like a real history teacher at school.

MARIE: Well, actually I'm really interested in history. I plan on studying history and to become a teacher after this year.

TAXI DRIVER: Ah, Gosh, that is so, that is really interesting.

Oh no, it says the street ahead is closed. Oh, probably because of the preparations

70 for Thanksgiving.

MARIE: Never mind, the street's actually pretty crowded, so heavy traffic today.

TAXI DRIVER: Thanksgiving weekend is like this. It's one of the busiest travel periods of the year. Ah, we have a four or five-day weekend vacation for schools and colleges and obviously many workers love Thanksgiving as well because it's a paid

75 vacation, paid holidays, you can't beat that.

MARIE: Yeah, I see, so I'm really looking forward to meeting my new family and to see how they celebrate Thanksgiving. What are your plans for Thanksgiving? Are you going to work or are you staying at home and join your family?

TAXI DRIVER: Ah, yeah, thank God Thanksgiving is coming, I've been waiting for it.

80 Well, I could stay home for two days, all right, and I'm looking forward to that. I'm actually going to prepare Thanksgiving dinner for my family and test out some new recipes and …

Tapescript 3

85 RADIO SPEAKER: Traditional, home-made, mmmh and really tasty.
It doesn't get better than this.
Thanksgiving Pumpkin Chocolate Chip cookies.
Try them. Enjoy them, love them.
TAXI DRIVER: Oh, I really have to turn up the radio right now. Excuse me, they're going
90 to talk about a recipe that you just have to hear about. It's delicious.
RADIO SPEAKER: If you like pumpkin pie and chocolate, you'll love these cookies.
This is a traditional family recipe.
It's easy to make and the preparation time is 1 hour and 10 minutes.
And it makes 12 cookies.
95 **You'll need the following ingredients:**
1 cup of cooked pumpkin, 1 cup of white sugar, 2 cups of flour, 1 egg, ½ cup of
chopped walnuts, 1 teaspoon of milk, 2 cups of chocolate chips, ½ cup of vegetable
oil, 1 tablespoon of vanilla extract, ½ teaspoon of salt, 1 teaspoon of baking soda,
2 teaspoons of ground cinnamon, 2 teaspoons of baking powder
100 **And here's how you make the cookies:**
1. You combine the pumpkin, the sugar, vegetable oil and egg.
You stir together the flour, baking powder, ground cinnamon and salt in a separate bowl.
Then you mix the baking soda with the milk and stir it in.
105 Add the flour mixture to the pumpkin mixture and mix well.
2. Add vanilla, chocolate chips and nuts.
3. Spoon 12 small portions onto the greased baking paper.
4. Bake at 350 °F, that's 175 °C for 10 minutes until they are lightly brown.
And here's a tip for you: These taste best when they're cold. So put them in the
110 fridge for two hours. Have fun and enjoy.
TAXI DRIVER: 243 Rodeo Drive, ah, here we are. And that's going to be $ 27.75, please.
MARIE: Well, here's $ 30. Keep the change. And thanks a lot for the awesome ride.
Thanks so much, bye.
TAXI DRIVER: Good bye.

1.

	Things to ask Mr Parker	
parents' jobs:	mother – *doctor*	father – pilot
children:	daughter – Jenny	son – Gordon
duties:	• assisting the kids with brushing their teeth	
	• *look after/take care of the children*	
	• *plan activities*	
	• *cook/prepare healthy meals for the children*	
	• *do the (children's) laundry/shopping*	
	• *drive the children to school and pick them up in the afternoons*	
days off:	*Saturday*(s) and *Sunday*(s)	
working hours:	*25-30* hours a week	
payment	*270* $ a week	

2. a) **true** (l. 51)

   b) **false** (ll. 60/61)

   c) **false** (ll. 74/75)

   d) **false** (l. 81)

3. Multiple choice: oil, milk, egg, sugar, salt

   a) a flour and a pumpkin mixture. (l. 106)

   b) chocolate chips. (l. 107)

   c) 12 portions. (l. 95)

   d) 175 °C. (l. 109)

2 Reading

2.1 Comprehension

1.

	number
In this section you learn where people went when they left Germany.	2
This section tells you about a person whose experiences as a child strongly influenced later career plans.	4
This section is about someone who has been living abroad for some time now and is very famous and successful.	3

2. a) **true**

    Erklärung: Text 1: "Programmes like Goodbye, Deutschland! *or* Auf und davon *teach us that it's easy to underestimate the challenges of moving to another country …"*

    b) **false**

    Erklärung: Text 2: the chart shows that there were around 14,000 Germans who emigrated to the USA in 2009, but only around 4,500 who moved to Canada

    c) **true**

    Erklärung: Text 3: "He is extremely agile for a '7-footer' (players of 2.13 m and over)."

    d) **not given**

3. a) After school Jan Bildhauer decided **against military service / for volunteering** on the "Anderer Dienst im Ausland" programme.

    Erklärung: Text 4: "After Jan finished school, he decided against military service and chose to become a volunteer on the 'Anderer Dienst im Ausland' programme."

    b) Go Ahead! is an organisation that helps **children** in South Africa.

    Erklärung: Text 4: "… Go Ahead!, an aid and development organisation that helps children in South Africa …"

    c) Katharina's school in Deyang city had around 9,000 students **including** 1,500 boarders.

    Erklärung: Text 5: "Her school had around 9,000 students, including 1,500 boarders …"

2013-13

2.2 Mediation

Hinweis: Die Aufgabenstellung lässt offen, ob die Lösung in Stichpunkten oder in ganzen Sätzen zu formulieren ist. Deshalb werden hier beide Möglichkeiten angeboten.

Tipps für den Auslandsaufenthalt

- Pass rechtzeitig beantragen
- sich über Gesetze und Sitten des Landes informieren und sie respektieren
- allgemeine Umgangsformen (Kleiderordnung, Begrüßung, Straßenverkehrsordnung etc.) respektieren
- Hinweise des Konsulats sorgfältig lesen, um mit den Reiseinformationen für das betreffende Land vertraut zu sein
- Kommunikationsfähigkeit/Sprachkenntnisse und Wissen über das Land erweitern, um bei der Einreise sicher aufzutreten

oder:

Wenn du längere Zeit im Ausland leben möchtest, solltest du einige wichtige Dinge beachten:
- Kümmere dich rechtzeitig um den Pass.
- Informiere dich über die Gesetze und Sitten des Landes und halte dich daran.
- Respektiere Regeln, die Kleidung, Begrüßung, Straßenverkehrsordnung und Umgangsformen betreffen.
- Lies die Hinweise des Konsulats sehr aufmerksam durch, um dich mit allen Reiseinformationen über das betreffende Land vertraut zu machen.
- Erweitere deine sprachlichen und landeskundlichen Kenntnisse, um bei der Einreise sicher auftreten zu können.

3 Writing

3.1 Language components

(1)	☐ where	☐ which	☒ who	☐ whose
(2)	☐ are coming	☒ came	☐ come	☐ have come
(3)	☐ mother	☒ mother's	☐ mothers	☐ mothers'
(4)	☐ attend	☐ attended	☒ attending	☐ attends
(5)	☐ bottle	☒ bottled	☐ bottling	☐ bottles
(6)	☐ go	☐ goes	☐ gone	☒ went
(7)	☒ after	☐ behind	☐ following	☐ next
(8)	☐ her	☒ his	☐ our	☐ your
(9)	☐ honest	☒ honestly	☐ honesty	☐ honour
(10)	☐ more slight	☐ most slight	☐ slighter	☒ slightest

Erklärungen zu den Lösungen:

(1)   die Person, die die Tomatensauce erfand: das Relativpronomen who *bezieht sich auf eine Person.* (which – *bezieht sich auf Dinge;* whose – *dessen/deren;* where – *wo*)

(2)   Seine Eltern kamen: simple past *wegen der Zeitangabe in der Vergangenheit* in the late 1900s (are coming – present progressive; come – simple present; have come – simple present perfect)

(3)   Gemüse aus dem Garten seiner Mutter: besitzanzeigende Form mit s-Genitiv im Singular, da der Garten seiner Mutter gehörte (mother – *Nominativ Singular;* mothers – *Nominativ Plural;* mothers' – *Genitiv Plural*)

(4)   Nach dem Besuch des Business College: nach einer Präposition (after) *kann ein Verb nur in Form eines Gerunds verwendet werden* (attend – *Infinitiv;* attended – *simple past;* attends – *simple present, 3. Person Singular*)

(5)   verkaufte in Gläser abgefüllten Meerrettich: das Verb bottle *wird hier in der Funktion eines Adjektivs verwendet, daher muss das* past participle *gebildet werden* (bottle – *Substantiv oder Verb;* bottles – *Plural des Substantivs oder* simple present, *3. Person Singular des Verbs;* bottling – *present participle*)

(6)   sie gingen 5 Jahre später bankrott: simple past *wegen der Zeitangabe in der Vergangenheit* 5 years later (go – *simple present;* goes – *simple present, 3. Person Singular;* gone – *past participle*)

(7)   Bald darauf/danach: die Präpostion after *bedeutet* nach *im zeitlichen Sinn* (behind – *nach im örtlichen Sinn;* following – *in Folge;* next – *nächste(r,s) als Adjektiv*)

(8)   viele seiner geschäftlichen Ideale: das Possessivpronomen his *zeigt an, dass es sich um die geschäftlichen Ideale von K. H. Heinz (3. Person Singular, männlich) handelt* (her – *ihr;* our – *unser;* your – *dein/euer*)

(9)   sollte ehrlich verdient werden: das Adverb honestly *bestimmt das Verb* earn *näher* (honest – *Adjektiv;* honesty – *Substantiv;* honour – *Substantiv*)

2013-15

(10) die geringste Verschwendung vermeiden: der Artikel weist auf die Verwendung einer Superlativform als Attribut hin (more slight/most slight – *falsche Steigerungsformen eines einsilbigen Adjektivs;* slighter – *Komparativ*)

3.2 Guided writing

Für diese Aufgabe gibt es insgesamt 15 Punkte. Für den Inhalt deiner E-Mail kannst du bis zu 12 Punkte erreichen. Einen weiteren Punkt bekommst du, wenn der Anfang und das Ende deiner E-Mail korrekt sind. Darüber hinaus gibt es bis zu zwei Punkte für sprachliche und stilistische Korrektheit.

Dear John,

Thank you for your last email, I really enjoyed reading it. I'm in Scotland at the moment! I've been here since April and I'm going to stay for six months. The flight to Glasgow was exciting because of stormy weather. I'm working at a hotel from 9 a.m. to 6 p.m. every day now. I do different jobs, such as cleaning or restaurant work. I'm not used to working all day and I really miss my family and friends. When I got here, one of the biggest problems was finding cheap accommodation near the hotel. I now share a flat with a Polish student. During the last two weeks of my stay I want to travel round the country and visit some sights.

That's all for today, I'm really tired after 8 hours of work. How are you doing at the moment? Let me know.

Yours,
(your name)

3.3 Creative writing

Die Lösungsvorschläge sind länger als in der Aufgabenstellung gefordert und bieten eine breite Auswahl an möglichen inhaltlichen Punkten.

1. Discovering other cultures, people and places

South Africa is really worth visiting!

If you want to get to know customs, traditions, and landscapes that are completely different from ours, it's definitely a good idea to travel to South Africa. The country is a young republic that has overcome apartheid, the strict segregation of blacks and whites. South Africans are friendly, but there are still lots of problems, like crime, drug abuse, and AIDS.
In South Africa you can see the whole world in one place: beaches, the sea, mountains, lots of wild animals, deserts, and rich vegetation (forests, flowers, fruits, and vegetables).
The best time for travelling to South Africa is in January and February. It's summer then, with temperatures of around 30–40 °C.
Before you leave, you should make sure to have a passport that will be valid for at least another six months. You'll also have to change euros into rands, the local currency. It might be a good idea to work on your English, too,

because that's the official language in South Africa, alongside Afrikaans. While you're there, your English will improve even more.

You can do a guided group tour of the country, or you plan the trip yourself with the help of guidebooks, maps, and the Internet. You can rent a car and go wherever you want on your own. But be careful and don't stay out at night in dangerous areas!

I'm sure that after your stay in South Africa, you'll love the country and its people.   *(248 words)*

2. **Staying abroad in a host family – one way to learn a foreign language**

Dear Mr and Mrs Miller,

My name is (your name) and I am the girl/boy from Germany who will be staying with your family from July to December this year.

I'd like to tell you a little about myself first. I'm 16 and I'll be finishing school in five weeks. My parents work together in their own book shop. I've got a 13-year-old brother called Thomas, who goes to grammar school and is a very good pupil. We share one hobby: football. That's why our relationship is relaxed and very close. I play in our school team, and he's the goalkeeper in our local team.

My English is not bad, but as I've decided to work in the tourist industry, I'll have to improve my communication skills and become more proficient in English. I'm sure that living with your family and in your country will be the best way to do that.

Before packing my suitcase and leaving my home town, I'd like to ask a few questions:

Do you have any children? If you do, please tell me something about them.

What about pets? – I love cats, by the way.

Will I have my own room with Internet, TV, or radio?

Last but not least, I'd like to know whether there is a river or lake near your house because I'm really fond of rowing.

I look forward to hearing from you.
All the best to you and your family.

Kind regards,
(your name)   *(245 words)*

3. **Being a "Wunderkind"**

I have often wondered what it would be like to be a wunderkind. It must feel fantastic to be simply the best in one or even several fields. You get lots of compliments all the time, and everyone talks about your special talents and skills. However, being a wunderkind has its negative side too. I guess some geniuses have trouble finding friends because others are often jealous of their talents.

As a wunderkind you can be proud of a lot of things. But everyone has something to be proud of! At the age of four, I was very proud of riding my skateboard down the hill next to our house. One day, when I was doing that, I fell and broke my finger. However, I was even more proud then because I got this cool plaster that all my friends could write their names on.

At the age of ten, I won second place in a school swimming competition. Most of the other swimmers had done a lot of training beforehand, but I won without any training. I am still proud of that.

Being successful can make you very happy, but the problem is that, if you have achieved something special once, many people will expect you to do that again every time. Everyone should be careful not to take other people's achievements for granted. *(225 words)*

4. **Discovering Germany as a foreign tourist**
   You want to visit Germany? That is a very good choice! The country has many interesting regions and cities, and its scenery is unbelievable too.

   One of the cities that are extremely popular among tourists is Dresden. Visiting it, you can learn a lot about the history of this beautiful place. Its famous old buildings, for example the Zwinger or the Church of Our Lady, are open to the public and give you an insight into Dresden's magnificent architecture. People who love culture and art should visit the "Green Vault" with its gold treasures from the Baroque period and the city's famous art gallery, which offers paintings by famous artists from different periods.

   In addition to all that, Dresden has many shopping centres. The biggest and best one is the Old Market Gallery, which is right in the centre of the city.

   There are several companies that offer hop on/hop off sightseeing tours on a bus. If you think that is too expensive, you can also borrow a bike and cycle around the city.

   As far as accommodation is concerned, Dresden has lots of nice hotels inside and outside the city.

   As you can see, Dresden is a very good choice, it is a place that is well worth visiting! *(212 words)*

| Realschulabschluss Englisch (Sachsen) |
| Abschlussprüfung 2014 |

1 Listening   (15 BE)

Doing a project at a language school

Students from different countries are at a language school in London.
They are doing a project. There are four parts. You will hear each part
twice.

1. First listen to the teacher at the language school and complete the
   notes in English.   (3 BE)

   <u>**Language Course Project**</u>

   Topic: _____

   Groups of _____ students

   What to do for the project:

   • _____

   • do a presentation

2. Now listen to two interviews in the streets and answer the questions in 1–5 English words or numbers.   (5 BE)

   a) How does the girl characterize British people? Name two
      adjectives.

      _____

   b) How is Wales different from England? Name one fact.

      _____

   c) When was the first Mini sold?

      _____

   d) Which celebrity/celebrities once bought a Mini?

      _____

   e) Where does the famous Mini Run start?

      Start: _____   Finish: _____*Brighton*_____

3. Now listen to the interview with a pub owner and complete the sentences in English. (4 BE)

a) Pub means …

b) The Star Pub opens at …

c) If you want to buy a drink, you have to …

d) At 11 pm the bell rings for …

4. Now listen to the students talk. Mark the correct option to complete the sentences. (3 BE)

a) The bus didn't stop because
☐ the student was late.
☐ the student didn't want to take it.
☐ the student didn't know how to stop it.

b) The student couldn't get on the bus first because
☐ he had to help the old lady.
☐ the bus driver sent him to the end of the queue.
☐ the old lady sent him to the end of the queue.

c) The student had to pay more for the ticket because
☐ the ride was longer than expected.
☐ he was not able to pay cash.
☐ the bus driver had no cash to give change.

2   Reading   (15 BE)

2.1 Comprehension

Read the text. Then do the tasks 1 to 3.

Fish and chips

Every Friday afternoon around half past five, Mum would send one
of us round to Hammond's, the fish-and-chip shop. For sixpence you
could get a piece of rock salmon in batter[1], a portion of chips cost one
penny. Everything was wrapped first in clean paper and then in
5 newspaper to keep it warm. We ate the fish and chips with salt and
vinegar. These are the childhood recollections of my uncle, Thomas
Sharp, a man who grew up in a poor area of London in the late 1930s.
The tradition of a fish-and-chip supper is familiar today to millions of
British families – though, of course, with higher prices and without
10 the newspaper. It is hard to imagine a time when this quick, tasty meal
was not available. In fact, though, fish and chips as a meal is only
around 150 years old.
Fish and chips were sold separately for years before anyone had the
idea of combining the two. According to John Walton in his book *Fish*
15 *and Chips and the British Working Class, 1870–1940*, it was probably London's Jewish community that started the trade in fried fish
around the mid 19th century. Cooking it in fat had the advantage that
it stopped the fish going bad.
About the same time, small shops offering fried potatoes appeared in
20 the industrial towns of northern England. The concept of frying small
pieces of potato had come over from France, where the very first recipe for this dish was published in 1755. The English chip shop had
nothing in common with these cultivated origins except for the main
ingredient. "Chipped potatoes" were often sold from the front rooms
25 of working-class homes by women trying to earn some extra income.
"An old boiler filled with rank lard set up on a block of bricks, with a
small coal fire underneath," is how Colin Spencer describes such a
business in his book *British Food*. It was a meal for the poor – cheap
and satisfying – and it was produced in an environment where no-
30 body could afford to care about hygiene and the smell of fish or fat.
Between 1870 and 1890, someone had the idea of bringing these two
types of food together, and what Walton calls "the momentous mar-
riage of fish and chips" took place. Exactly when and where this happened is not known, but we do know that the trade spread fast. By
35 1914, 800,000 meals of fish and chips were being sold across Britain
each week.
The expansion of the fish-and-chip trade at this time was supported by
improvements in technology. By the 1890s, British fishing fleets were
sending fast steam-powered boats to the waters around Iceland. Here,

they caught plentiful cod, which was frozen immediately and sent back home. The excellent British rail service allowed the fish to be distributed quickly and efficiently. At the same time, inventions such as the industrial "wonder potato peeler" ended one labour-intensive aspect of the fish-and-chips trade.

In the 1950s, fish and chips was mainly a working-class meal. It was something hot that was easy to eat while walking home after a day at the factory. The terraced houses of industrial towns were often so small that cooking at home was a challenge. The business idea, Walton says, was attractive to "small, back-street entrepreneurs". Also, there were few other food vendors with whom to compete.

By the time competition finally arrived in the form of cafés and hamburger restaurants in the 1950s and 60s, the fish-and-chip tradition had grown and was strong enough not to be destroyed. Today, there are around 11,500 fish-and-chip shops in Britain.

adapted from: Inez Sharp, Spotlight Heft 6/2012, S. 22/23

1 rock salmon in batter – in Teig gebackener Räucherfisch

1. Find out whether the following statements are true, false or not given. Mark the correct option. (4 BE)

	true	false	not given
a) Fish and chips as a meal is more than 200 years old.	☐	☐	☐
b) In 1755 the recipe for fish and chips was brought from France.	☐	☐	☐
c) Until 1914 the trade with fish and chips had developed tremendously.	☐	☐	☐
d) In the 20th century fish and chips was very popular in British schools.	☐	☐	☐

2. Match the sentence halves. Use the chart below. (3 BE)

		A	… caught plentiful cod in the waters around Iceland.
1	Thomas Sharp	B	… fried the fish in fat to conserve it.
2	Workers' wives	C	… could afford to care about hygiene in the house.
3	Jewish people	D	… often sold potatoes to increase the family budget.
		E	… used to have the popular dish salty and sour.

1		2		3	

2014-4

3. Answer the questions according to the text in English. (3 BE)

a) Why was fish and chips so popular among the working class? Name two reasons.

_____

_____

b) What supported the spread of the fish and chips trade? Name two facts.

_____

_____

2.2 Mediation
(5 BE)

Read the information and write down the main ideas in German.

Driving on the left – typically British?

There are many theories about this. One is that in the days before cars, people walked or rode on the left, so their right hand would be ready to reach for a sword if an enemy approached.

So why don't people on the continent drive on the left? Because of Napoleon! He was left-handed, you see and, so the theory goes, he made his armies march on the right so he could defend himself with his left hand. The USA decided to drive on the right because it wanted to distance itself from its past as a British colony.

Whatever the real reason, Britain is not the only country with the left-hand rule. In fact, about a quarter of the world's population lives in countries where cars drive on the left. Besides former colonies like India and Australia these include Japan. Sweden also drove on the left until 1967.

And in 2009, Samoa changed from right to left-hand driving so residents could buy cheaper cars from Japan and Australia.

_____

_____

_____

_____

_____

_____

_____

_____

2014-5

3 Writing (40 BE)

3.1 Language components (10 BE)

Mark the correct option in the chart below.

The telephone box

In the good old days, the traditional British telephone box was a national symbol. Before mobile phones made everything so easy, the public telephone box **(1)** an important focus for community life.

People of all types and classes would orderly **(2)** outside its red iron door.

(3) their pennies they waited patiently for **(4)** turn to be linked up to the great wide world.

For a shy people **(5)** the British it was an opportunity to meet and **(6)** news, gossip with neighbours and get some fresh air. And what's more, once you were inside the box everything you **(7)** was private.

Everybody uses mobiles nowadays, but talking loudly in **(8)** places with unseen faces, about personal feelings or secret dealings ... well it's not something the true British feels comfortable about! Now there is a new generation of phone boxes **(9)** can link you up to the Internet, receive e-mails, take payment **(10)** phone card or credit card. Impressive, perhaps, but where is the romance?

---

(1)	☐ are	☐ is	☐ was	☐ were
(2)	☐ employ	☐ join	☐ queue	☐ turn on
(3)	☐ Clutch	☐ Clutched	☐ Clutches	☐ Clutching
(4)	☐ their	☐ there	☐ they	☐ they're
(5)	☐ how	☐ just	☐ like	☐ so
(6)	☐ change	☐ exchange	☐ reimburse	☐ replace
(7)	☐ said	☐ say	☐ saying	☐ says
(8)	☐ public	☐ publican	☐ publicity	☐ publicly
(9)	☐ where	☐ which	☐ who	☐ whose
(10)	☐ at	☐ by	☐ in	☐ past

3.2 Guided writing (15 BE)

During your stay at the language school in Brighton you are not satisfied with the situation in the school cafeteria. Write a note for the agony box (*Kummerkasten*) of that school.

Bringen Sie zum Ausdruck, dass

– die Speisen sehr gesund, schmackhaft und abwechslungsreich sind. (2 BE)

–   Sie aber mit der Situation im Speiseraum unzufrieden sind und
    sich einiges ändern müsste.   (2 BE)
–   die Schüler zu wenig Zeit zum Essen haben, weil sie zu lange auf
    ihr Essen warten müssen.   (2 BE)
–   der Speiseraum ungemütlich, oft schmutzig und es zu laut ist.   (2 BE)

Fragen Sie,
–   ob man zwei Pausen zum Essen einrichten könnte.   (1 BE)
–   ob es möglich ist, den Raum zu verschönern.   (1 BE)
–   ob die Cateringfirma Grünpflanzen und Servietten sponsern
    könnte.   (1 BE)

Machen Sie zwei weitere Vorschläge zur Verbesserung der Situation.   (2 BE)

Für die stilistische Qualität der sprachlichen Umsetzung können Sie
bis zu 2 BE erhalten.   (2 BE)

3.3 Creative writing

(15 BE)

Choose one topic and mark it. Write a text of about 180 words. Count your words.

☐ 1. **"Young entrepreneurs introduce themselves"**
John Walton says "The business idea was attractive to small, back-street entrepreneurs".
Imagine you have the chance to build up your own business in future. Describe your kind of business, the strategy, the aims, realization, …
Write your ideas in the blog "Young entrepreneurs introduce themselves".

☐ 2. **Typically German?**
There are a lot of prejudices and clichés about Germany and the Germans. Tell your English speaking friend what is typically German in your opinion. Think of behaviour, food, traditions, festivals, …
Write an e-mail to your friend who wants to stay for one year here in Germany.

☐ 3. **Winning a birthday party**
You want to take part in a competition where you can win a birthday party for you and ten of your friends. You have to send in your ideas for this party. Think of the location, food and drinks, entertainment, transportation, etc.
Write an e-mail to the organizer of the competition.

☐ 4. **Fast food, smartphones and fake goods**
Nowadays the world is highly dominated by these trends. What about your life – is it influenced by them, too? Think of advantages and disadvantages of some modern trends.
Write an article for a youth magazine.

Lösungsvorschlag

1 Listening

Tapescript 1

TEACHER: Good morning everyone. Today is Tuesday, so it's the second day of your language course. I hope you all enjoyed your first day. This week we'll be doing a project and for this project I'd like you to find out what typically British means.
5 Right, now let me explain how to do the project. First you'll need to make an opinion poll. You'll be working in groups of three to five people. Next Monday each group will do a presentation of about twenty minutes in class. You can work on the project today, on Wednesday and Friday but not on Thursday because that's when we have to go to Canterbury for our excursion. Tomorrow morning on
10 Wednesday I'd like you to interview people in the streets.

Tapescript 2

NORA: All right, cross the street, be careful. First look right then left. It's even written on the streets. We're in England now, not in the Netherlands.
CARINA: Oh thanks, I always forget. You're right, it can be dangerous. Look, that girl
15 over there. Let's ask her. Hello, excuse me, we are Nora from Norway and Carina from the Netherlands. We go to an international language school here in London and our task is to interview people in the streets to find out what's typically British. May we ask you first?
WELSH GIRL: Sure. We hold lots of traditional values but at the same time we are
20 very modest. Other countries see us as hard-working people who enjoy having a good time. The British sense of humour is very special. Our sarcasm and irony often confuse foreigners. We are famous for Mr Bean, not only on the British Isles. Otherwise everybody associates Brits with fish and chips, Marmite and in Wales Welsh rarebit. I come from Wales. Being Welsh means being proud of my
25 country. Wales is quite different to England. We have many laws of our own, for example, we pay less tuition fees than students in England. We have to support Wales in rugby matches. Lots of British people are very proud of where they come from.
CARINA: Hm, yes and I believe, they are very traditional.
30 CARINA: Oh, Nora c'mon quick, let's ask the man in the car over there. He's just arrived. Sir, may we ask you a question?
MAN: Yeah sure. How can I help?
NORA: We're doing a project at our language school and we want to find out what typically British means. What's your opinion?
35 MAN: Well, I think the Mini is a British style icon. Did you know, the Mini Cooper was recently voted the second most influential car of the twentieth century? The first model rolled out in 1959 and was sold very cheap.
NORA: Why did it become so popular?
MAN: It looked a bit odd at the time and sold badly. But Princess Margaret and the
40 Beatles bought one and it soon became very popular. The most famous model of

2014-9

all was the souped-up Mini Cooper, introduced in sixty-one and this car really became famous when it won the Monte Carlo Rallye more than twice in the sixties.

NORA: Amazing. I am a fan of the Mini myself.

MAN: Really? So you must come to see the London to Brighton Mini Run. I've been
taking part for six years now. Last year thousands of Minis made the run from
Crystal Palace to the coast in Brighton. When I started in London last year I found
myself saying: "Rain, rain, go away, come again another day." And it worked. It
was only cloudy when we arrived in Brighton. So rainy weather – typically British, too?

NORA: Thank you so much.

MAN: It was a pleasure. Hope to see you at the next London to Brighton Run.

Tapescript 3

NORA: What about asking this young man in front of the pub?

CARINA: Well, why not, he doesn't look very busy to me.

NORA: Hello, excuse me, we're at a language school. We're trying to find out what
typically British means.

PUB OWNER: Hmm, first of all, pubs come to mind. Pubs, meaning public house.
That's a very old tradition. I'm a pub owner myself. The name of my pub is "The
Star".

NORA: Wow, does that mean that lots of stars come to your pub?

PUB OWNER: Are you joking? This pub is very popular with local people. You know,
if a church has the name St. Mary's, the nearest pub is traditionally called "The
Star". Would you like to come in and have a look? We usually don't open before
five thirty pm. You are not allowed to enter a pub under the age of eighteen.
That's the law but this time I'll make an exception because it's for a school project, of course. Come in, please.

Here we've got two bars. One room is quieter than the other of course. There's
also a garden, where people can sit in the summer. Lots of children with their parents, of course, are here.

By the way, where are you from?

CARINA: Oh, I'm from the Netherlands and Nora, she's from Norway.

PUB OWNER: Sure, you're tourists. You can easily spot a tourist at my pub, always
waiting for a waiter. But there is no table service. You have to go to the bar to order drinks and food and pay for your purchase immediately. People usually buy
rounds of drinks. Whichever person whose turn it is will buy drinks for all members of a group. At eleven o'clock you'll hear the bell for last orders. Pubs are
very often busy, especially when there's live music playing. You don't have to
queue, which is, of course, different from British habits. Barmen or barmaids will
usually serve those who've been waiting the longest. And never order a big beer.
A pint or half a pint is correct.

NORA: That's good to know. There are a lot of things you have to know to avoid a
mistake.

2014-10

Tapescript 4

CARINA: Hello, where were you this morning? We waited for you about twenty minutes but you didn't answer your phone. Got to tell you we interviewed really interesting people this morning.

BOY: Man, I had such a crazy morning. I wanted to take the bus. So I went out to the
bus stop. And after fifteen minutes the bus arrived but it didn't stop. So I waited
for another quarter of an hour and the same thing happened. Finally, an old lady
joined me at the bus stop and when the bus got there she gave a sign by raising her
arm and then the bus stopped, unbelievable. Apparently it's called a request stop
but I didn't know that.
So since I was the first one there, of course I wanted to be the first one on the bus.
But then the woman butted in front of me and the bus driver asked me to move to
the back to wait for my turn because this is a queue. A queue consisting of one
person. I've never seen that before in my life. I was pretty mad. And as if that's
not enough I paid way too much for my ticket because the bus driver had no cash.
So you have to bring correct change. So instead of one pound twenty-five I paid
two pounds for the ticket. Is all this typically English ... This is definitely not my
day. So that's why I'm late and ended up missing you. Sorry about that.

NORA: Oh no, you poor thing. What do you think about having a cup of tea together
this afternoon?

BOY: That's the best thing I've heard all day.

1.

> ### Language Course Project
>
> Topic: *Typically British*
>
> Groups of 3-5 students
>
> What to do for the project:
>
> - *interview people (in the street), (carry out an) opinion poll*
> - do a presentation

2. a) traditional (l. 19)/modest (l. 20)/hard-working (l. 20)/
      sarcastic (l. 21)/ironic (l. 21)/proud (l. 27)

   b) (own) laws (l. 25)/less (tuition) fees (l. 26)/support their own rugby
      team (ll. 26/27)

   c) in 1959 (l. 37)

   d) Princess Margaret (l. 39) / the Beatles (ll. 39/40)

   e) London (Crystal Palace) (l. 46)

2014-11

3. a) public house (l. 57)

   b) 5.30 (pm) (l. 64)

   c) go to the bar (l. 73), pay immediately (l. 74)

   d) (the) last orders (l. 76)

4. a) the student didn't know how to stop it. (ll. 91/92)

   b) the bus driver sent him to the end of the queue. (ll. 94/95)

   c) the bus driver had no cash to give change. (l. 97)

2 Reading

2.1 Comprehension

1. a) **false**

   Erklärung: "In fact, though, fish and chips as a meal is only around 150 years old." (ll. 11/12)

   b) **false**

   Erklärung: Hier musst du den Text ganz genau lesen. Darin heißt es nur, dass in Frankreich im Jahr 1755 das erste Rezept für frittierte Kartoffelscheiben veröffentlicht wurde. Die Kombination aus Bratfisch und Pommes entstand jedoch erst später: "Fish and chips were sold separately for years before anyone had the idea of combining the two. ... Between 1870 and 1890, someone had the idea of bringing these two types of food together ..." (ll. 13/14, ll. 31/32).

   c) **true**

   Erklärung: "By 1914, 800,000 meals of fish and chips were being sold across Britain each week." (ll. 34–36)

   d) **not given**

2.

1	E	2	D	3	B

3. a) It was a meal that was quick (l. 10)/tasty (l. 10)/cheap (l. 28)/satisfying (l. 29)/hot (l. 46)/easy to eat (l. 46)

   b) fast steam-powered boats (l. 39)/the (excellent) British rail service (l. 41)/the "wonder potato peeler" (l. 43)

2.2 Mediation

Hinweis: Da der vorgegebene Artikel als Fließtext geschrieben ist, liegt es nahe, auch die Lösung in vollständigen Sätzen zu formulieren. Es gibt jedoch keinen Punktabzug, wenn du in deiner Antwort Stichpunkte verwendest, solange die wesentlichen Informationen des Textes enthalten sind.

Linksverkehr – typisch britisch?

– Bevor es Autos gab, liefen und ritten die Leute links, damit ihre rechte Hand bei einem Überfall leichter das Schwert erreichen konnte.
– Warum gibt es auf dem europäischen Festland dann keinen Linksverkehr? Der Grund ist angeblich, dass Napoleon als Linkshänder seine Armeen rechts marschieren ließ.
– Die USA entschieden sich für den Rechtsverkehr, um sich von ihrer Vergangenheit als britische Kolonie zu distanzieren.
– Nicht nur in Großbritannien fährt man links. Etwa ein Viertel der Weltbevölkerung lebt in Ländern mit Linksverkehr, darunter ehemalige britische Kolonien wie Indien und Australien. Aber auch in Japan fährt man links (und bis 1967 gab es auch in Schweden Linksverkehr).
– 2009 stellte Samoa auf den Linksverkehr um, um preiswertere Autos aus Australien und Japan importieren zu können.

3 Writing

3.1 Language components

(1)	☐ are	☐ is	☒ was	☐ were
(2)	☐ employ	☐ join	☒ queue	☐ turn on
(3)	☐ Clutch	☐ Clutched	☐ Clutches	☒ Clutching
(4)	☒ their	☐ there	☐ they	☐ they're
(5)	☐ how	☐ just	☒ like	☐ so
(6)	☐ change	☒ exchange	☐ reimburse	☐ replace
(7)	☒ said	☐ say	☐ saying	☐ says
(8)	☒ public	☐ publican	☐ publicity	☐ publicly
(9)	☐ where	☒ which	☐ who	☐ whose
(10)	☐ at	☒ by	☐ in	☐ past

Erklärungen zu den Lösungen:
(1) Hier kann nur was *die richtige Lösung sein (Textabschnitt im simple past; Singular). (are/is – simple present; were – simple past, Plural)*
(2) Hier ist nur queue *(„Schlange stehen/sich anstellen") möglich. (employ – „jdn. anstellen", z. B. in einer Firma; join – „sich anschließen/beitreten"; turn on – „ein Gerät anstellen/einschalten")*
(3) „Ihre Pennys in der Hand haltend, warteten sie …": Hier ist Clutching *als present participle erforderlich. (Clutch – Infinitiv; Clutched – simple past; Clutches – 3. Person Singular, simple present)*
(4) Die Lösung bezieht sich auf das Pronomen they, *deshalb ist das besitzanzeigende Pronomen* their *hier richtig. (there – „dort"; they're – „sie sind"; they – „sie")*

(5) like *bezieht sich im Vergleich auf ein Nomen.* (how – *indirektes Fragewort;* just – *als Vergleichswort nur in Kombination mit* as *zu verwenden; so ergibt lexikalisch keinen Sinn*)

(6) *Hier kommt nur* exchange (*„Neuigkeiten austauschen“*) *in Frage.* (change *„wechseln“/„verändern“;* reimburse – *„etwas erstatten“;* replace – *„auswechseln/etwas austauschen“, z. B. in Geräten oder Maschinen*)

(7) *Die Aussage bezieht sich auch weiterhin auf vergangenes Geschehen, deshalb muss das* simple past *verwendet werden.* (say/says – simple present; saying – present participle)

(8) *Hier kommt nur ein Adjektiv in Frage, daher ist* public (*„öffentlich“*) *die richtige Lösung.* (publicly – *Adverb;* publican – *Substantiv;* publicity – *Substantiv*)

(9) which *bezieht sich als Relativpronomen auf einen Gegenstand.* (who *bezieht sich auf Personen;* whose – *„dessen/deren“;* where – *„wo“*)

(10) *Hier ist nur* by *möglich (*„mittels/mit Karte“*).*

3.2 Guided writing

Hinweis: Beim gelenkten Schreiben sind die inhaltlichen Punkte, die in deiner Lösung vorkommen müssen, bereits weitgehend vorgegeben. Bis auf die geforderten Verbesserungsvorschläge zum Schluss musst du also nicht selbst zu einem Thema Stellung nehmen, sondern sollst die in der Angabe genannten Aspekte in einen sprachlich korrekten und stilistisch angemessenen englischen Text überführen. Ist deine Lösung besonders ansprechend formuliert, bekommst du dafür bis zu zwei Punkte extra – lies dir deine Antwort zum Schluss also noch einmal aufmerksam durch und überlege, an welchen Stellen du noch nachbessern könntest.

Dear Sir or Madam,

Let me first tell you that I really enjoy the healthy, delicious and varied meals served in the school cafeteria. Nevertheless, I'm rather unsatisfied with the situation in the cafeteria and there are several things that should be changed.

First of all, the pupils haven't got enough time to eat because they have to wait too long for their food. Furthermore, the cafeteria is uncomfortable, often dirty and it is too noisy there.

In order to improve the situation, could you perhaps arrange for two lunch breaks instead of just one? And would it be possible to brighten up the room? Maybe the catering service could sponsor some plants and napkins. Pictures on the walls and nice curtains for the windows would also be great.

Thank you very much in advance.

Yours faithfully,

Kathrin

3.3 Creative writing

Hinweis: Bei dieser Aufgabe stehen verschiedene Themen zur Auswahl. Wähle dasjenige Thema, zu dem dir am meisten einfällt und mache dir Notizen, um deine Lösung besser zu strukturieren. Die Beispiellösungen sind zum Teil etwas länger als die geforderten 180 Wörter, um verschiedene Aspekte zu beleuchten.

1. **"Young entrepreneurs introduce themselves"**

   Hello, my name is (your name). I'm 16 years old and I'm from Chemnitz in Saxony. I would like to tell you about my own small business, which is called "Shopping for Neighbours".

   The idea developed when my grandma, who is 65, had an accident with her bike. She had a broken arm, so she couldn't go shopping for weeks. As we live a few streets away, my family organised the shopping for her. One day, she asked me if I could also assist the two elderly women living next door and I agreed. The women would phone me twice a week and tell me what they needed. Then I would get the things from the local supermarket or the chemist's and bring them to their home. After three weeks I got calls from more and more elderly people inquiring about my "service".

   Now my sister has joined me. For each shopping week we get € 5 per "client". At the moment I'm organising a network of supporters because I have observed that this kind of assistance is needed more and more.

   (181 words)

2. **Typically German?**

   Hi Ann,

   I'm pleased to read that you are going to stay in Germany for a year. Maybe you can visit us in Saxony some time – it would be great to have you here.

   But to answer your questions: I know that there are lots of prejudices and clichés about us Germans. It is said that we are very loud, eat a lot, drink too much beer, wear Lederhosen and Dirndls and that we have too many rules and no sense of humour. Although this may be true for some Germans, there are many qualities about us that people appreciate.

   Most Germans are very reliable, hard-working and sociable. We like to do a lot of activities together with our friends and families, such as having barbecues or taking part in different cultural events (e. g. the Opera Ball and Dixieland festival in Dresden, the Gothic festival in Leipzig or the "Oktoberfest" in Munich). And we absolutely love the Christmas season! From the end of November onwards, all the streets and homes are beautifully decorated and people get together in the Christmas markets that take place in almost every town.

   I'm quite sure you will enjoy your stay in Germany. But of course, it's up to you to form your own opinion about us. Give me a ring when you have arrived and settled in.

   Yours, Mario

   (226 words)

2014-15

3. **Winning a birthday party**

Dear Mr Miller,

I would very much like to take part in your competition to win a birthday party for my circle of friends. We're a group of eleven teenagers who have known each other since kindergarten. Although we go to different schools now, we have remained in close contact and regularly meet after school. The party that we are planning would not be for me or one of the others, however, but for a friend of ours – Peter. He lives together with his mother and unfortunately, his father doesn't support them. Although they have got enough money to live on, they can't afford "extras" such as going on holiday or having a party. So my friends and I thought about organising a surprise party for him. As a location for the celebration, we have chosen a nice picnic site in a park near our neighbourhood. We could have a barbecue there and each of us would bring along some meat, sausages, salads and drinks such as coke, lemonade and juice. We would also like to play some party games, listen to music and dance. I think it would be a great surprise for Peter. I hope it doesn't matter that there is one more person and we still have a chance to win the party.

Yours sincerely, Max   *(219 words)*

4. **Fast food, smartphones and fake goods**

I'm hanging out with some friends when my smartphone rings. I can see on the display that my mum is calling. She probably wants to know whether I've already done my homework or when I'll be coming home. I guess we all know situations like these when we curse modern technology. Being available at all times can be a real nuisance – especially if it is your parents at the other end of the line. However, I don't think any of us would want to be without our smartphones. I use my smartphone not only for calling and texting but also for taking photos and sending them to friends, for example. When my mum and her friends used to exchange photos, they first had to get the film developed and then visit each other at home. And when I don't know a certain word in English, I can simply look it up online rather than having to consult a printed dictionary. So I guess there are both advantages and disadvantages to smartphones. The same also applies to other things that are popular in our generation, such as fast food and fake goods: hamburgers or pizza may not be particularly healthy and I definitely prefer my parents' home-made food, but I am nevertheless glad that there is a burger restaurant nearby where I can get a quick meal from time to time or meet my friends. As far as fake goods are concerned, I personally think that a person's character should be more important than the kind of clothes they wear. However, there is strong social pressure nowadays to wear certain brands and for those who can't afford the "real thing", fake goods are a cheap alternative.   *(285 words)*

Realschulabschluss Englisch (Sachsen)
Abschlussprüfung 2015

1 Listening

(15 BE)

Keeping Fit

You will listen to people talking about a leisure centre. There are two parts. You will hear each text twice.

1. First listen to the advertisement for a recently opened leisure centre. There are **6** mistakes in the leaflet. Find and correct them in English.

(6 BE)

Welcome to the new Oak Tree Leisure Centre	
Our Facilities	
	correction
Indoor	
Two ~~yoga~~ and aerobic studios	*dance*
Two fitness suites	✓
One indoor climbing wall	
Three swimming pools (one with slides)	
Outdoor	
Multi-use games area	
All weather sports pitches – all with floodlights	
Squash and tennis courts	
Ice-rink open from March to October	

Our Courses		
		correction
Monday and Wednesday	Zumba, Archery, Yoga, Aerobics	
Wednesday	Hula-hooping	

2015-1

| Tuesday and Thursday | Spinning, Fencing, Skating, Aerobics, Indoor rock climbing | |
| Friday | Paintballing, Skating | |

Our Prices		
Centre members can save up to 30 %.		correction
Juniors	£ 15.59 a month	
Adults	£ 29.95 a month	
Seniors	£ 4.95 a month	

If you join the Oak Tree Leisure Centre now, you can use all facilities for free for the rest of July.

2. Now listen to two students talking about the courses and mark **9** characteristics they mention for these sports.   (9 BE)

	Archery	Hula hooping	Fencing	Indoor rock climbing
you need protective equipment				
is fast-paced aerobic workout				
is like a physical chess match				
burns lots of calories				
requires pure focus				
is harder than it looks				
can be done on your own after learning basics				
builds strength and balance				

2015-2

2   Reading   (15 BE)

2.1 Comprehension

Read the text. Then do tasks 1 to 3.

Laughter is the best medicine

Days go by and we must have strength and energy to live the day effectively, stay active and positive and not forget to smile. Where can we
get the strength for this and what is able to charge us with this necessary energy?

5 It is hard to realize, but it is possible not to get tired ever, to stay active and full of energy all day, always think positively and keep smiling despite the hard impact of the outer world. More and more often
people are subjected to different problems and difficulties – home routine, trouble at work, disagreements with the boss, relationship prob-
10 lems – and in the constant flow of these events people lose themselves.
They cannot think about anything except ongoing hard times and pretty often they expect that the future will bring even more disaster in
their lives. All this sounds fatal, but still there is a way out.
Besides a healthy and balanced nutrition and healthy sleep, laughter
15 can be a strong medicine for your mind and body.
"Your sense of humour is one of the most powerful tools you have to
make certain that your daily mood and emotional state support good
health", says Paul E. McGhee, Ph. D., a pioneer in humour research.
Laughter is a powerful antidote to stress, pain and conflict. Nothing
20 works faster or more dependably to bring your mind and body back into balance than a good laugh. Humour lightens your burdens, inspires
hopes, connects you to others and keeps you grounded, focused and
alert. With so much power to heal and renew, the ability to laugh easily
and frequently is a tremendous resource for surmounting problems,
25 enhancing your relationships and supporting both physical and emotional health.

☺ **Laughter relaxes the whole body.** A good, hearty laugh relieves
   physical tension and stress, leaving your muscles relaxed for up to
   45 minutes afterwards.
30 ☺ **Laughter boosts the immune system.** Laughter decreases stress
   hormones and increases immune cells and infection-fighting anti-
   bodies, thus improving your resistance to disease.
☺ **Laughter triggers the release of endorphins**, the body's natural
   feel-good chemicals. Endorphins promote an overall sense of well-
35 being and can even temporarily relieve pain.
☺ **Laughter protects the heart.** Laughter improves the function of
   blood vessels and increases blood flow, which can help protect you
   against a heart attack and other cardiovascular problems.

2015-3

Laughter makes you feel good. And the good feeling that you get when
40 you laugh remains with you even after the laughter subsides. Humour
helps you keep a positive, optimistic outlook through difficult situations, disappointments and loss.

More than just a respite from sadness and pain, laughter gives you the
courage and strength to find new sources of meaning and hope. Even
45 in the most difficult of times, a laugh – or even simply a smile – can
go a long way toward making you feel better. And laughter really is
contagious – just hearing laughter primes your brain and readies you to
smile and join in the fun.

☺ **Laughter dissolves distressing emotions.** You can't feel anxious,
50 angry, or sad when you're laughing.

☺ **Laughter helps you relax and recharge.** It reduces stress and increases energy, enabling you to stay focused and accomplish more.

☺ **Humour shifts perspective**, allowing you to see situations in a
more realistic, less threatening light. A humorous perspective cre-
55 ates psychological distance, which can help you avoid feeling
overwhelmed.

Shared laughter is one of the most effective tools for keeping relationships fresh and exciting. All emotional sharing builds strong and
lasting relationship bonds, but sharing laughter and play also adds joy,
60 vitality, and resilience. And humour is a powerful and effective way
to heal resentments, disagreements, and hurts. Laughter unites people
during difficult times.

Adapted from:Antonio Cammarata: Healthy lifestyle is trendy in the 21st century – Mind
your body. In: Health Goes Up, 12/13/2011; Melinda Smith/Jeanne Segal: Laughter is the
Best Medicine. © Helpguide.org. All rights reserved. Helpguide.org is a trusted non-profit
guide to mental health and well-being.

1. Complete the statements with information from the text in
   1–5 words: (4 BE)

   a) People are able to think positively although there are

   _____

   b) People often think about ongoing hard times and are afraid of

   _____

   c) Besides a healthy way of life _____

   _____ can bring your mind and

   body back into balance.

   d) The ability to laugh easily and frequently can support

   _____

2. Decide whether the statements are true, false or not in the text. Mark the correct option.

	true	false	not given	(5 BE)
a) Laughter can ease pain for a short time.	☐	☐	☐	
b) Laughter can influence people's feelings and attitudes.	☐	☐	☐	
c) Laughter can reduce people's energy.	☐	☐	☐	
d) Laughter can replace physical exercise.	☐	☐	☐	
e) Laughter can make people's relationships exciting and lasting.	☐	☐	☐	

3. Which summary of the text fits best?
Mark the correct option.   (1 BE)

a) The text gives advice how to use laughter in romantic relationships.   ☐

b) The text describes the impact of laughter on a/the human being.   ☐

c) The text explains the link between laughter and mental health.   ☐

d) The text suggests opportunities to share laughter with others.   ☐

2.2 Mediation   (5 BE)

Read the article and find 5 ideas about energy drinks in the USA that can be used in a discussion. Write them down in German.

Monster in a can

Americans love energy drinks. They spent $ 8.6 billion (€ 6.6 billion) on beverages such as Red Bull and Monster last year, and now the market is expanding to include caffeinated candy – and even waffles.

Too much caffeine, however, can cause anxiety, headaches, and even heart attacks. In the US, the law limits how much caffeine soft drinks may contain. Because most energy drinks are considered to be "dietary supplements", however, the rules are not considered relevant to them.

The Economist[1] reports that the laws governing caffeine may be about to change. The US Food and Drug Administration (FDA) has announced that it is investigating the health risks of energy drinks. Consumers may well wonder if Starbucks will be next. After all, a large cup of coffee from the chain contains at least twice as much caffeine as a can of Monster.

1 Titel einer Zeitschrift

2015-6

3   Writing   (40 BE)

3.1 Language components   (10 BE)

Mark the correct option in the chart below.

How to pack a lunch box

For students, packing their own lunch box can mean freedom from the same cafeteria food each day, or from a parent's taste in lunch packing.

For professionals, it can mean **(1)** a lunch hour free for exercising, networking with colleagues, or getting some work done. Packing a lunch can **(2)** money and allow you to take control of your health and your diet.

When you select a good lunch box look for **(3)** characteristics:

– enough capacity, especially if you are packing food for **(4)** day and not just a lunch hour
– insulation to keep things cool; food will be **(5)** than without any at lunchtime
– carrying handles or straps.

No matter **(6)** carefully you pack, your lunch box will end up with crumbs and spills in it, so think about how easy it will be to wipe or rinse out.

Prepare the day before what you want to have, because if you **(7)** something you want, you can pop down to the shops. You can even plan your lunch menus a week **(8)** if you like. Preparing your lunch the night before also means less time **(9)** in the morning.

Place your lunch box in the refrigerator once it is packed, to keep the food **(10)** spoiling. When preparing the food you should aim for variety each day.

Adapted from: WikiHow article "How to Pack a Lunch Box", licensed under CC-BY-NC-SA-3.0

---

(1)	☐ had	☐ has	☐ have	☐ having
(2)	☐ protect	☐ safe	☐ save	☐ store
(3)	☐ that	☐ their	☐ these	☐ this
(4)	☐ an abridged	☐ an entire	☐ a limited	☐ a partial
(5)	☐ fresh	☐ fresher	☐ freshest	☐ freshly
(6)	☐ as	☐ how	☐ like	☐ what
(7)	☐ didn't have	☐ don't have	☐ haven't had	☐ won't have
(8)	☐ ahead	☐ advance	☐ in front of	☐ until

2015-7

(9) ☐ are wasted ☐ is wasted ☐ was wasted ☐ were wasted

(10) ☐ away ☐ from ☐ in ☐ off

3.2 Guided writing   (15 BE)

You are an exchange student at an English school. On your way to school you had a bike accident. The school wants you to fill in a school accident report form. Complete the form using the following details.

1 Sie fuhren am 10. April um 8.30 Uhr auf dem Weg zur Schule die *Park Street* bergab.
2 Am Ende der *Park Street* mussten Sie an einer Kreuzung anhalten.
3 Sie haben wie gewohnt gebremst, bemerkten aber zu spät, dass die Straße rutschig war.
4 Ihre Bremsen funktionierten nicht und Sie fielen vom Rad auf Ihre linke Körperseite.
5 Ihr Bein schmerzte sehr stark und Ihr Ellenbogen blutete.
6 Ein Autofahrer verband Ihren Arm und rief den Krankenwagen.
7 Ihre Gasteltern wurden vom Krankenhaus informiert. Sie mussten eine Woche zu Hause bleiben, da Ihr Arm gebrochen war.

School Accident Report			
General information			
Student's name:		Age:	Year: 11
Home address:			
Medical insurance: AOK			
Accident information			
Date:		Time:	
Location:			

Description of the accident: *(Write complete sentences.)*   (8 BE)

(1 BE) — Year: 11 row
(1 BE) — Time row

Post-accident information	(1 BE)

Was first aid given? ☐ yes ☐ no   By whom? _____

Description of first aid: _____

_____

Who was notified? _____	(2 BE)

Was school attendance interrupted?   ☐ yes   ☐ no

If yes, why and how long? _____

Date: 17 April 2015	**Signature:**

* Für die stilistische Qualität der sprachlichen Umsetzung können Sie bis zu 2 BE erhalten.   (2 BE)

3.3 Creative writing   (15 BE)

Choose one topic and mark it. Write a text of about 180 words. Count
your words.

☐ 1. **Move your body**
For some students, the way to school and the sport in PE lessons are their only daily exercise. How much physical activity does a teenager need? What role does sport play in your
life?
Explain your opinion in a contribution for a discussion board.

☐ 2. **You are what you eat**
There are different ways to feed yourself. How much do you
think about your nutrition? Describe your eating habits.
Think about shopping, preparing, cooking etc.
Write an article for an international lifestyle magazine.

☐ 3. **Laughter makes us happy**
We all love to laugh. Laughter gives us a good feeling and
can make us happy. Describe a situation or event when you
had the feeling of great happiness.
Write an entry for a blog.

☐ 4. **A friend in need is a friend indeed**
At all times in our life we have relationships with other peo-
ple, e. g. in our family, at school or in our job. When and
where did you have a friend indeed right by your side?
Why was he/she so important?
Write your story.

Lösungsvorschlag

1 Listening

Tapescript 1

SPEAKER: *(music)* Achieve your goals – join the brand new Oak Tree Leisure Centre in the heart of town.

Are you bored with the same old gym routine? Do an activity which is both physi-
5 cal and fun. It's a super way to get in shape and stay motivated.

The Oak Tree Leisure Centre offers a great variety of well-equipped facilities. Relax in our sauna and solarium. Visit the bar upstairs that serves food and drink looking out onto the main hall. And that's not all – our indoor facilities include a Multi
Purpose Sports Hall offering a wide range of leisure activities for the whole fami-
10 ly of any age and ability. It even hosts the UK Main Event Wrestling Show and the
yearly roller disco, furthermore, two dance and aerobics studios, two fitness suites,
an indoor climbing gym, three swimming pools, one with slides.

The Oak Tree Leisure Centre offers a great variety of outdoor facilities, too; a Multi
Use Games Area, all Weather Sports Pitches for football, hockey, one of which is
15 floodlit, squash and tennis courts, and an ice-rink which is open from November
to February, as well as fun activities and workout courses.

A team of friendly and fully qualified fitness instructors will support you to make
your choice. So join a weekly course to suit your interests and abilities.

On Mondays and Wednesdays, we offer Zumba and Archery, which is a beginners'
20 course, Spinning and Aerobics. On Wednesdays Hula hooping, on Tuesdays and
Thursdays Spinning and Fencing, which is a beginners' course, Yoga and Aerobics,
which is an advanced course, Indoor rock climbing, which is also a beginners'
course. And on Fridays Paint balling and Skating. Experience it for yourself – you
won't even realize you're working out. Getting fit needn't be painful! Centre Mem-
25 bers get great discounts and save up to 30 % per month. Junior members, under 16s,
£ 11.95 per month, adults £ 29.95 per month, seniors, over 60s, £ 4.95 per month.
If you only want to go swimming, ask for a special swimming membership. All
memberships will be valid for at least 12 months.

Best of all, there's a special offer this month. If you join the Oak Tree Leisure Cen-
30 tre right now, you can use all these facilities free of charge for the rest of July. Come
along and experience the spirit of a new life.

Tapescript 2

A: How was school today?

B: OK, I suppose. But I'm glad it's Friday. We have the whole weekend off now.

35 A: Yes, it'll be great. Have you heard about the new leisure centre that's opening on
Saturday? They've got really interesting offers and a varied programme. I've
downloaded the programme that's running for the next four months.

2015-10

B: All right. You probably mean The Oak Tree Leisure Centre next to the station on Kingston Road. Let me have a look at it. What courses are on a Monday evening? Skating, Spinning, Zumba, Archery coaching.

A: Archery coaching? Are you joking? Archery is a kind of activity that young boys like to do. They just want to pretend to be Indians.

B: Oh, don't be silly. Archery is the skill of shooting arrows with the use of a bow. Here it says:

Archery requires strong arms and pure focus. In order to hit the target, you must block out all outside influences and inner worries, and only focus on your target. This ability will help you to focus on your goals in your personal and professional life. Running back and forth to collect your arrows is another part of the physical ability.

That sounds a bit too stressful and I might miss the fun from concentrating too much on the sport.

A: What about Wednesday? You know, we finish school at 3.30. Haven't they got any courses in the afternoon?

B: On Wednesday there's judo, rope jumping and hula hooping. Look at the girls in the picture doing hula hooping. Let me read the short explanation.

Hula hooping is actually harder than it looks, but a good instructor can get you swinging your hips and doing tricks with your hoop in no time. To get started, you'll need the right hoop, preferably a heavy, large one that is about waist high.

A: That sounds really weird. I can't imagine doing hula hooping.

B: Hang on, I haven't finished yet. Listen. *Once you've got the basics down you can always get your own hoops, that come in a variety of sizes and weights. Or take the hoops to the park on your own or with friends. If you are feeling a little self-conscious, you can stick to your own garden.*

I know a girl who's been doing that for a couple of years and she's quite good at it. But hula hooping isn't the sport I'd like to do myself. I prefer a bit of a workout and a bit of a thrill.

A: So why don't you join a fencing class? There's a class on Tuesday evening and one on Thursday evening. And the leisure centre provides a mask and a jacket to protect your face, chest and arms. And here is some information about fencing: Do you want me to read it?

B: Let's find out what it says.

A: *If you want a fast-paced aerobic workout and you love to compete, sign up for a fencing class. It is like a physical chess match where you learn to anticipate your opponent's next move and to react to it. Because of its intense arm and footwork fencing burns calories and improves speed, flexibility and coordination.*

B: I think fencing seems a bit dangerous and I don't want to fight against other people. What about indoor rock climbing? You told me recently that you went rock climbing during your last holiday. And you really liked it, didn't you?

A: Yes, you're right. I have been to the Alps in Germany. It was amazing there.

B: So let's try an indoor rock climbing course for beginners that runs at 6.15 on Tuesday. I guess it'll be fun. What does the programme say?

2015-11

A: *Indoor rock climbing is a workout that builds strength and balance and can burn up to 800 calories in an hour. It's like doing yoga on the wall because you are constantly shifting your weight so it builds muscles and strengthens your core.*

85 B: What a great idea – doing yoga on the wall.

A: Yes, I know. And … *You're using your legs to push yourself up the wall and your arms to pull yourself up. So you work muscles you didn't know you had. At our indoor climbing gym, beginners usually start climbing shorter walls without a rope or harness.*

90 B: He who dares wins. Yeah, let's try the indoor climbing course on Tuesday. I'd really like to do that. So we can train together, keep fit and hopefully we'll have a lot of fun too. And remember all courses are free in July.

A: That sounds great. So let's join the course on Tuesday …

1.

Welcome to the new Oak Tree Leisure Centre	
Our Facilities	
	correction
<u>Indoor</u>	
Two ~~yoga~~ and aerobic studios	*dance*
Two fitness suites	✓
One indoor climbing ~~wall~~	*gym*
Three swimming pools (one with slides)	✓
<u>Outdoor</u>	
Multi-use games area	✓
All weather sports pitches – ~~all~~ with floodlights	*one (with floodlights)*
Squash and tennis courts	✓
Ice-rink open from ~~March~~ to ~~October~~ / Ice-rink ~~open~~ from March to October	*(open from) November to February / closed (from March to October)*

Our Courses		
		correction
Monday and Wednesday	Zumba, Archery, ~~Yoga~~, Aerobics	*Spinning*

2015-12

Wednesday	Hula-hooping	✓
Tuesday and Thursday	Spinning, Fencing, Skating, Aerobics, Indoor rock climbing	Yoga
Friday	Paintballing, Skating	✓

Our Prices

Centre members can save up to 30 %.   correction

Juniors	£ 15.59 a month	(£) 11.95
Adults	£ 29.95 a month	✓
Seniors	£ 4.95 a month	✓

If you join the Oak Tree Leisure Centre now, you can use all facilities for free for the rest of July.

2.

	Archery	Hula hooping	Fencing	Indoor rock climbing
you need protective equipment			✓	
is fast-paced aerobic workout			✓	
is like a physical chess match			✓	
burns lots of calories			✓	✓
requires pure focus	✓			
is harder than it looks		✓		
can be done on your own after learning basics		✓		
builds strength and balance				✓

2 Reading

2.1 Comprehension

1. a) (different) problems/difficulties/problems like home routine/difficulties at work/disagreements with the boss/relationship problems

   b) the future/more disaster (in their lives)

   c) laughter/(your sense of) humour

   d) good health/physical and emotional health/your mind and body/...

2. a) **true**
   *Erklärung: "Laughter is a powerful antidote to stress, pain and conflict." (l. 19); "**Laughter triggers the release of endorphins** ... Endorphins ... can even temporarily relieve pain." (ll. 33–35)*

   b) **true**
   Erklärung: "Humour helps you keep a positive, optimistic outlook through difficult situations, disappointments and loss. More than just a respite from sadness and pain, laughter gives you the courage and strength to find new sources of meaning and hope." (ll. 40–44)

   c) **false**
   *Erklärung: "**Laughter helps you relax and recharge**. It reduces stress and increases energy ..." (ll. 51/52)*

   d) **not given**

   e) **true**
   Erklärung: "Shared laughter is one of the most effective tools for keeping relationships fresh and exciting. All emotional sharing builds strong and lasting relationship bonds ..." (ll. 57–59)

3. b) The text describes the impact of laughter on a/the human being.　　☒
   Erklärung: Überschrift b passt hier am besten, da die Antwortmöglichkeiten a, c und d jeweils nur Teilaspekte des Texts abdecken.

2.2 Mediation

Hinweis: Bei dieser Aufgabe sollst du fünf Diskussionspunkte bezüglich Energydrinks aus einem englischen Artikel herausfiltern und auf Deutsch wiedergeben. Der Ausgangstext ist als Fließtext formuliert – wahrscheinlich fällt es dir deshalb leichter, auch in der Lösung ganze Sätze zu formulieren. Du bekommst jedoch keine Punkte abgezogen, wenn du Stichpunkte verwendest.

Monster in a can
- Im letzten Jahr gaben die Amerikaner 8,6 Mrd. Dollar für Energydrinks aus und der Markt wächst ständig weiter – inzwischen gibt es sogar koffeinhaltige Süßigkeiten.

- Zuviel Koffein ist gesundheitsschädlich und kann Angstzustände, Kopf-schmerzen und sogar einen Herzinfarkt auslösen.
- Da Energydrinks als Nahrungsergänzungsmittel zählen, wird ihr Koffeinge-halt – anders als bei Softdrinks – (noch) nicht gesetzlich beschränkt.
- Die amerikanische Behörde für Lebensmittel- und Arzneimittelsicherheit (FDA) prüft jedoch gerade die Gesundheitsrisiken von Energydrinks, sodass sich die Gesetzeslage bald ändern könnte.
- Eine Tasse Starbucks-Kaffee enthält mindestens doppelt so viel Koffein wie eine Dose Monster Energydrink.

3 Writing

3.1 Language components

(1) ☐ had	☐ has	☐ have	☒ having
(2) ☐ protect	☐ safe	☒ save	☐ store
(3) ☐ that	☐ their	☒ these	☐ this
(4) ☐ an abridged	☒ an entire	☐ a limited	☐ a partial
(5) ☐ fresh	☒ fresher	☐ freshest	☐ freshly
(6) ☐ as	☒ how	☐ like	☐ what
(7) ☐ didn't have	☒ don't have	☐ haven't had	☐ won't have
(8) ☒ ahead	☐ advance	☐ in front of	☐ until
(9) ☐ are wasted	☒ is wasted	☐ was wasted	☐ were wasted
(10) ☐ away	☒ from	☐ in	☐ off

Erklärungen zu den Lösungen:
(1) Auf das Verb mean *kann nur das Gerundium* having *folgen.*
(2) An dieser Stelle ist das Verb save *einzusetzen.* Protect *(„schützen", „be-schützen") und* store *(„lagern", „speichern") passen von der Bedeutung her nicht;* safe *ist aufgrund der Wortart (Nomen bzw. Adjektiv) nicht möglich.*
(3) Hier muss these, *also das hinweisende Pronomen im Plural, ergänzt werden.* This *und* that *sind zwar auch hinweisende Pronomen, allerdings im Singu-lar, und* their *ist kein hinweisendes Pronomen, sondern zeigt den Besitz an.*
(4) Hier ist nur an entire (day) *(„einen ganzen Tag") möglich. Die Varianten* an abridged / a limited / a partial (day) *passen von der Bedeutung her nicht und sind als Wendungen nicht gebräuchlich.*
(5) Aufgrund von than *muss hier* fresher *(als Komparativ / gesteigerte Form im Vergleich) eingesetzt werden.* Fresh *(als Grundform / Positiv) und* freshest

(als Superlativ) scheiden aus; freshly *ist als Adverb ebenfalls falsch, da hier kein Verb näher beschrieben wird.*

(6) *Hier ist das Fragewort* how *(„wie") die richtige Lösung.* What *wäre hier bestenfalls alleine* (no matter what you pack) *oder in Kombination mit einem Nomen denkbar* (no matter what food you pack)*, nicht aber in Verbindung mit dem Adverb* carefully. *As und* like *scheiden als Vergleichswörter ebenfalls aus.*

(7) *Hier liegt ein Bedingungssatz Typ I vor, der im if-Satz ein* simple present *erforderlich macht. Die Vergangenheitsformen* didn't have *und* haven't had *sowie das Futur* won't have *scheiden daher aus.*

(8) *Die richtige Lösung für diese Lücke lautet* ahead *(„im Voraus/im Vorhinein"). In* advance *(„im Voraus") wäre ebenfalls denkbar; da hier allerdings nur* advance *(„Fortschritt") steht, scheidet diese Möglichkeit aus. Die beiden anderen Optionen* until *(„bis") und* in front of *(„vor", mit örtlichem Bezug) kommen von der Bedeutung her ebenfalls nicht in Frage.*

(9) *Die Bezugnahme auf eine regelmäßige Handlung macht hier das* simple present *erforderlich – die beiden* past tense*-Formen* was/were wasted *sind daher falsch. Da das Wort* time *im Singular steht, kommt auch* are wasted *nicht in Frage – die richtige Lösung lautet also* is wasted.

(10) *Hier ist nur* (keep) from *(„vor etwas bewahren") möglich; die Varianten* away, in *und* off *ergeben keinen Sinn.*

3.2 Guided writing

Bei dieser Aufgabe sollst du dir vorstellen, du hättest als Austauschschüler/in in England einen Unfall auf dem Schulweg gehabt und musst nun ein Formular für die Schule ausfüllen.

Die inhaltlichen Punkte zum Unfallhergang sind bereits vorgegeben. Überlege, an welcher Stelle im Formular du welche Informationen eintragen musst, wo du ganze Sätze formulieren sollst und wo Stichpunkte reichen. Lies dir deine Lösung zum Schluss noch einmal genau durch und kontrolliere sie auf sprachliche Fehler. Ist dein Text stilistisch besonders gut gelungen, bekommst du dafür bis zu zwei Punkte zusätzlich.

School Accident Report		
General information		
Student's name: Maria Mustermann	Age: 16	Year: 11
Home address: Musterstraße 3, 01435 Musterhausen, Germany		
Medical insurance: AOK		
Accident information		
Date: 10 April	Time: 8.30 a.m.	
Location: Park Street, crossroads		

Description of the accident: *(Write complete sentences.)*
I went down Park Street by bike. At a crossroad I had to brake. But I noticed too late that it was slippery. My brakes didn't work, and I fell on my left side. My leg hurt a lot and my elbow was bleeding.

Post-accident information

Was first aid given? ☑ yes ☐ no By whom? *a driver*

Description of first aid: *He dressed the wound on my arm and called the ambulance.*

Who was notified? *my host family*

Was school attendance interrupted? ☑ yes ☐ no

If yes, why and how long? *My arm was broken. I had to stay at home for one week.*

Date: 17 April 2015   **Signature:** M. Mustermann

3.3 Creative writing

Beim kreativen Schreiben stehen dir vier Themen zur Auswahl. Entscheide dich für dasjenige, zu dem dir am meisten einfällt. Lies dir die Aufgabenstellung genau durch: Welche inhaltlichen Aspekte musst du berücksichtigen? Welche Textsorte wird von dir verlangt? Am besten machst du dir Notizen, bevor du mit dem Ausformulieren der Lösung beginnst. Wenn du mit dem Schreiben fertig bist, gehe noch einmal alles in Ruhe durch und kontrolliere, ob du auch wirklich alle Punkte behandelt und keine sprachlichen Fehler übersehen hast.

In der Prüfung musst du ca. 180 Wörter schreiben. Die untenstehenden Beispiellösungen sind absichtlich teilweise etwas länger, um dir möglichst viele Anregungen zu bieten.

1. **Move your body**

   Health and sports belong together, and for me, young people and sports belong together, too.

   Personally, I think that the two or three PE lessons we have at school are simply not enough. PE is more just to show us what we can do to stay fit. However, we should do a bit of exercise in our free time as well in order to stay healthy, e. g. by joining a sports club or going jogging, biking, or swimming.

   Two years ago I didn't do any sport at all in my spare time. After school I usually stayed at home and sat in front of the TV or laptop. But that wasn't good for me: I was tired and without energy most of the time. During a bike tour with friends, I suddenly realised how happy I felt moving my body, and I decided to do more for my fitness. So I started to cycle every day – first, only to school; later, also longer distances. And I can tell you, it really feels great. My mood is better, and I have much more energy for other things now as well. Sport has become an important part of my life, and if you do it with friends, it's lots of fun, too! *(211 words)*

2. **You are what you eat**

Many people define themselves by what they eat. For a long time, I was the exception: I ate more or less everything that came my way, from burgers to chicken wings.

Then I saw a documentary about industrial farming and how cruelly many animals are treated. After that, everything changed for me: I just couldn't eat meat any longer without thinking about the images I had seen. So I began to change my eating habits, step by step. First, I ate what I had eaten before and just left away the meat and sausages. Then I began to cook "proper" vegetarian meals with lots of pasta, vegetables, etc. Lately, I have begun experimenting with new kinds of food that I hadn't tried before, like tofu and quinoa. I buy them at the organic supermarket near our house. As you can imagine, my family wasn't very happy about my decision to become vegetarian at first. However, after they had tried some of my meals, they were surprised how tasty the dishes were. Now they are trying to include more vegetarian dishes as well, and we often buy and prepare the food together.

For me, being a vegetarian is not a religion and I am not trying to convince others to make the same choice. However, it has become an important aspect of my personality and I certainly feel much happier without eating animals.

(232 words)

3. **Laughter makes us happy**

Hi there,

Sorry I didn't write earlier, but I've just come back from my grandma's birthday party. "How boring …!" I hear you say. Well, it wasn't, at all! Actually, I've never had such a good time.

I don't know whether I've already mentioned my grandparents before, but they are the funniest people I know. When I was younger, they often looked after me and my brother, and when one of us was sad or disappointed, they always found a way to make us laugh. My grandad, for example, knows thousands of jokes, and my grandma always comes up with new ideas for funny walks and trips – she should have been a comedian!

It was the same at the party today. Grandad performed a little sketch for grandma, and after a few minutes, people were begging him to stop because their stomachs already hurt from laughing.

My grandad once said, "People who laugh together won't argue or fight with each other". I think this is true. At least I've never seen as many happy faces as at today's party. *(179 words)*

4. **A friend in need is a friend indeed**

For me, Charlotte is my friend indeed. She is sixteen and I know her because we are at the same school. Charlie – that's her nickname – became a very important person in my life last year. One day, I suddenly passed out at school and when I woke up, I was in hospital. I had to stay there for ten days because the doctors needed to find out what was wrong with me. In those days, Charlie came to visit me every day. She said that she was shocked about my passing out and that she had been very worried. She kept me informed about what was happening at school, brought me the food I liked to eat and, most importantly, made me laugh. However, she also stayed with me when I was really depressed and felt like crying all the time.

After hospital, I had to go to therapy for six weeks because I had lost too much weight. Charlie was allowed to visit me there, too, and we often went for long walks or to have dinner in town. That was a great success for me and her. The time in the clinic was hard, but Charlie was always at my side. She was my ray of hope – much more so than my family with whom I often had arguments. I am more than grateful to have her as my friend, and I hope I will be there for her, too, whenever she needs me. *(246 words)*

| Realschulabschluss Englisch (Sachsen) |
| Abschlussprüfung 2016 |

1   Listening   (15 BE)

How to see the world for less

Travelling can become quite expensive, so more and more people who would like to see the world use alternative ways to get around. You will listen to a radio programme. There are three parts. You will hear each text twice.

1. Listen to the first part. Mark the correct option.   (6 BE)

     a) Robert became interested in couchsurfing …

         ☐ when friends recommended it to him.

         ☐ when he visited California.

         ☐ when he was snowboarding.

     b) Robert reports about his trip where he …

         ☐ enjoyed being Michelle's tenth guest.

         ☐ lived outside Paris for three days.

         ☐ lodged with an experienced traveller.

     c) Robert's accommodation in Paris was …

         ☐ a couch in the host's living room.

         ☐ an entire room with a great view.

         ☐ just a simple but comfortable sofa.

     d) Robert's example supports the spirit of couchsurfing – …

         ☐ interest and experience.

         ☐ hospitality and community.

         ☐ trust and respect.

     e) Robert is one of … organized couchsurfers.

         ☐ about 2,004

         ☐ over 120,000

         ☐ more than 9 million

f) Robert Butterworth is a student and …

☐ has experience as a couchsurfer.

☐ wants to become a couchsurfer.

☐ works for www.couchsurfing.com.

2. Listen to the second part. Decide whether the following statements are
true or false. Mark the correct option.   true false   (4 BE)

a) To become a couchsurfer, you have to create your own   ☐   ☐
website including a photo of the 'couch' you offer.

b) In your online profile you should give extensive   ☐   ☐
information about yourself and the accommodation
you provide.

c) Generally, you will contact future guests or hosts   ☐   ☐
before the journey to find out shared interests.

d) Though English is often used, it is impossible to find   ☐   ☐
out what level of English the other person speaks.

3. Listen to the third part. Complete Dr Eisenhammer's profile.
Write 1 to 5 words.   (5 BE)

Dr Dieter Eisenhammer

place: *Wiesbaden, Germany*

age: *a bit over 70*

couchsurfer since: *2007*

positive effect of being a host:

_____

former guests: *Asian girls*

what we did together:

go to a Turkish barber; their chance to _____

how they thanked me:

_____

rules at my home:

1. _____

2. _____

3. *Both surfers and hosts need to be open and ready to compromise.*

2016-2

2 Reading (15 BE)

2.1 Comprehension

Read the text. Then do tasks 1 to 3.

Travelling on a shoestring budget

1 Some people may not be willing to spend much money, but wish to see the world anyhow which means keeping expenses low. Students from different parts of the world have written about their experience of low budget travelling.

5 **Maja from Berlin:**
I have studied landscape architectures. I like to travel as a backpacker, couchsurfer and bike nomad. A few years ago the travel bug gripped me and I found an interesting website of a backpacker company which boasted: "We challenge you to travel Britain cheaper by public trans-
10 port!"
I decided for the Backpacker Tour Company which is well-established and covers all parts of the UK. The itineraries, however, are not hop-on, hop-off, so we were not free to interrupt the tour in places we liked and found our independence limited. We were recommended to hold
15 on to our cash. Tours with no-frills itineraries allowed us to pay for as many optional extras, e. g. meals and entrance fees – or as few as we wished.
At about £ 25 per day, this was better value than some other back-packer buses which offer a hop-on hop-off travel pass.
20 The experience was really outstanding. Our guides were full of know-ledge and had a great sense of humour. The scenery was absolutely beautiful and I couldn't recommend a better company to travel with. I will definitely be coming back.

Karel from Prague:
25 I've been couchsurfing for six years and I've met several of my best friends. For me it's the true spirit of travelling.
I've had plenty of guests over a span of years. One of my favourites was a group of four Hungarians. When I came back after work, the house was empty. – Suddenly they came in with nine bags of groce-
30 ries! Apparently in their culture, it's a custom that when you stay with a host, you repay the favour by cooking them dinner. They made some great Hungarian food and we spent the next few hours chatting in my kitchen. Budapest is now on my ever-growing list of places to see.
To be honest, I only had one negative experience: In Marrakech, Mo-
35 rocco, we had to wait for our host. The area seemed quite dreary: suspicious streets, decaying houses. It was getting late, with the sky full of dark clouds. Not knowing French or even Arabic, we couldn't communicate with the people around. Our host ignored our calls. Only

when we called him from the phone booth did he mercifully explain
40 what bus to take to the centre, because he was not going to host us!

Nigel from California:
Finding an inexpensive place to stay can be a challenge in the US if
you are travelling through the more rural parts of America. That's
why my friend and I decided to camp. Almost all of the campsites can
45 be rented for extremely low rates, sometimes as low as five dollars a
night. Usually this includes a grill for cooking, space for tents, a toilet
and a shower area.
Last year we travelled through California and did not have the space
for any camping equipment, so we stayed at the campsite units in
50 Yosemite. This was quite a fun adventure!!! There are 3 walls, and a
tent flap.
Our unit was located in the middle. It was quite a hike to go from our
site to the main office. We were also close to the river, so that was
great. We went there multiple times for the great scenery.
55 Bicycles turned out to be the best method to really take in all of the
wonders of Yosemite.
Rumor has it that there are plenty of bears in the area. I was disappointed not to see a bear in the wild, but I was also relieved, because
there was no way our tent flap could have kept them out.

Adapted from: wikitravel.org/en/Budget_travel

1. Match the statements below to the people who express them.
   Mark your choice.
   Note: More than one option can be correct.

	Maja	Karel	Nigel	(5 BE)
a) Travellers book the basic tour and can decide on more offers later.	☐	☐	☐	
b) They were attracted by the fantastic scenery around.	☐	☐	☐	
c) If you don't know someone's mother tongue, you can be lost abroad.	☐	☐	☐	
d) It takes some effort to find affordable accommodation in the countryside.	☐	☐	☐	

2. Decide whether the statements are true or false. Mark the correct option.
   Find evidence in the text to justify your decision. Write down the beginning
   of the sentence (5 words).

	true	false	evidence	(4 BE)

   a) You can spend the night on a
      Yosemite campsite without
      your own special camp gear.
      [✓] true [ ] false   _Last year we travelled_
      through ...

   b) Some guests cooked a typical
      national dish for Karel.
      [ ] [ ]

   c) Maja was fully pleased to have
      competent and entertaining
      people to show her around.
      [ ] [ ]

   d) As a big fan of couchsurfing,
      Karel had mostly awesome
      experiences.
      [ ] [ ]

   e) Nigel was happy to see a bear
      after spending some time in
      the wild.
      [ ] [ ]

3. The text reflects several aspects of low budget travelling.
   Mark the correct option.   (1 BE)

   a) couchsurfing + biking + hiking   [ ]

   b) backpacking + hitchhiking + mountain biking   [ ]

   c) low-budget flying + camping + travelling by coach   [ ]

   d) camping + travelling by bus + couchsurfing   [ ]

2.2 Mediation

(5 BE)

A travel agency has planned to be more attractive to low-budget travellers under 21. List conditions and advantages of the Eurail/InterRail Pass in German.

Experience Europe by Eurail

Millions of people around the world have explored Europe using Eurail or InterRail Pass.

InterRail Passes are for Europeans, non-Europeans require one of the Eurail Passes. The concept of Eurail started in 1972 with the advent of the European InterRail Pass. The idea was that people under 21 could buy a Pass entitling them to one month's unlimited 2nd class travel through twenty-one European countries. Today, you can discover famed destinations in about 30 countries.

The train is the comfortable way to see Europe. Highspeed trains provide extra fast transport without the hassle of airport security and check-in. To cover large distances on night trains means falling asleep in one city and waking up the next day in a new place. The train doors swing open and there you are in the heart of another city. On your way you will have got to know the local population for a truly authentic travel experience and you will have crossed paths with other travellers from all over the world.

Adapted from:
www.eurail.com/help, www.hostelbookers.com/blog/travel/interrail-and-eurail-passes/

---

3 Writing (40 BE)

3.1 Language components (10 BE)

Mark the correct option in the chart below.

First time hitchhiking

If you've never hitchhiked before, you have to get over your first hitch-hiking fear. Every hitchhiker went through this. You can prepare **(1)** by buying a map and checking out hitchhiking websites. Make sure you know what a good spot means, and that you know **(2)** good spots on the trip you're making. Take a look **(3)** your appearance to make sure you look like a hitchhiker.

First time hitchhiking doesn't **(4)** mean a short trip – but starting with a short trip might help. Take a day trip to the next town! This said, **(5)** prepare too much. Decide where you're going, the best road to get there, walk a distance. At a good spot **(6)** the traffic and stick up your thumb. You **(7)** like the center of attention at first, but after a while you'll get used to it, and become more concerned with trying to get a ride.

Sometimes it happens that you have to wait for **(8)** a long time. Is it a bad spot? Can cars stop easily there without **(9)** the traffic? Is it a holi-day and all cars are filled up with families? The list of possible reasons is long, but to calm you down there's one universal rule for every hitch-hiker out there:

Somewhere out on the road there is someone **(10)** will pick you up. Always! The only question is when this is going to happen, but as Ein-stein once said: Time is relative.

Adapted from: hitchwiki.org/en/First_time_hitchhiking

---

(1)	☐ you	☐ your	☐ yours	☐ yourself
(2)	☐ any	☐ much	☐ one	☐ some
(3)	☐ at	☐ for	☐ forward	☐ on
(4)	☐ necessary	☐ necessarily	☐ necessitate	☐ necessity
(5)	☐ didn't	☐ doesn't	☐ don't	☐ not
(6)	☐ face	☐ hand	☐ head	☐ shoulder
(7)	☐ feels	☐ felt	☐ have felt	☐ will feel
(8)	☐ quick	☐ quiet	☐ quit	☐ quite
(9)	☐ blocked	☐ blocker	☐ blocking	☐ blocks
(10)	☐ which	☐ who	☐ whom	☐ whose

2016-7

3.2 Guided writing   (15 BE)

You are back home from a trip to the UK. You forgot a piece of clothing with something important in its pocket(s) in the hotel. Write a polite email in English to get it back. Use the information below.

Berücksichtigen Sie beim Schreiben der formellen E-Mail die nachfolgenden Informationen und Hinweise:
- Zufriedenheit mit dem Aufenthalt, Anliegen der E-Mail   (1 BE)
- Informationen zum Aufenthalt   (1 BE)

Welcome to Marley's Hotel
Keycard

Room: 327
Arrival: May 2   **Departure**: May 7

B&B ☐   **Half-board** ☑   Full board ☐
All meals are served in our basement restaurant.

Wi-fi access: welcomeMay2-7

- Beschreibung des Kleidungsstücks und des Gegenstandes in der Tasche (z. B. Kamera, Schmuck, …) und dessen Bedeutung und/oder Wert   (4 BE)
- Hinweis, wo genau das Kleidungsstück zurückgelassen wurde   (1 BE)
- Vorschlag zum weiteren Vorgehen   (1 BE)

Für die Umsetzung des korrekten E-Mail-Formats (z. B. Anrede, Abschluss) erhalten Sie 1 BE.   (1 BE)
Für die Qualität der sprachlichen Umsetzung können Sie max. 6 BE erhalten.   (6 BE)

To: info@marleyshotel.co.uk
Ref: Forgotten garment

_____

_____

_____

_____

_____

_____

_____

_____

3.3 Creative writing

(15 BE)

Choose one topic and mark it. Write a text of about 180 words.
Count your words.

☐ 1. **What my shoes can tell you**
Maybe you have experience with low-budget travelling.
Report about a trip you made.
Write an entry for your blog.

☐ 2. **How to handle social networks**
Young people enjoy being connected by social networks.
Discuss networking habits in general and describe your
behaviour.
Write an entry for an online discussion.

☐ 3. **"The world is full of friends you haven't met yet."**
Friendship is an important factor for a good life.
How can you make friends and keep friendships alive?
Write an advice column for a youth magazine.

☐ 4. **How to say thanks**
Most people enjoy feeling appreciated by others.
What can you do to express gratitude without spending
much money?
Write a recommendation for a low-budget guide for life.

2016-10

Lösungsvorschlag

1 Listening

Tapescript 1

PRESENTER: Hello and welcome to the show "How to see the world for less". Do you love travelling but hate travel costs? Are you genuinely interested in other cultures? Well, there is an alternative to commercial travel: It's called couchsurfing and it's our topic for today. Right. I'd like to welcome our first guest, Robert Butterworth. Hello, Robert.

ROBERT: Hello.

PRESENTER: Would you like to tell our listeners a little bit about yourself?

ROBERT: Yah, sure. Well, my name is Robert, I'm 24 years old and I'm a student. I love playing guitar, playing frisbee and going snowboarding. [Presenter: Okay.] I also love travelling and learning about foreign cultures.

PRESENTER: Okay. So how did you get interested in couchsurfing then?

ROBERT: Well, actually it was a recommendation and friends who were travelling California that way had a really great experience. They got to know the people and the place from the inside and they enjoyed the hospitality.

PRESENTER: I'm sure you've had some amazing experiences. Would you like to tell us a little bit about some of them?

ROBERT: Yah. My first trip was to Paris, which was amazing and I lodged with a girl named Michelle, who for me was a complete stranger and I stayed for three days. [Presenter: Okay.] She hadn't been outside of France, but she said: "If I can't go to the world, then the world will come to me." [Presenter: Okay.] She had a list of countries she wanted to learn about and she took on guests from those countries. I happened to be the tenth guest and celebrated the anniversary in style.

PRESENTER: Wonderful. Okay, it's called 'couchsurfing' – so, what was the couch like in Paris?

ROBERT: The couch was really nice, it was actually more than a couch. It was a private room with a bathroom and a view of the Eiffel Tower. [Presenter: Wow.] She shared her life with me and she told me about her work with a fashion house [Presenter: Yeah.], she took me to a fashion show, we went to Disneyland with the kids, and the whole experience reminded me that we're all just people.

PRESENTER: Okay, amazing. Right. That's actually the spirit of couchsurfing based on trust and respect. In fact, that is the central point in couchsurfing.com's mission. Ahem, the company started as a non-profit organisation in 2004 and has now grown to a social network with over 9 million members in 120,000 places. The average age of the couchsurfers is 28, with more than a third aged between 18 and 24.

ROBERT: That's right, Laura. It really is a great alternative way to travel. You'll meet people in a community who are open-minded and interested.

PRESENTER: That sounds wonderful. Okay, we're going over now to our first piece of music, ahem, but after the music, call in and have your questions answered. So, stay tuned and bye for now.

Tapescript 2

PRESENTER: And welcome back, listeners. Right, we've got our first caller waiting and she's a first-time surfer. Hi. How are you?

GIRL: Hello. I'm fine, thank you. I'm really excited to have got through on to the show. Ahem, as you said, I've never couchsurfed before and this is probably a really stupid question but what do I actually have to do to become a couchsurfer?

PRESENTER: Oh, it's easy. First you register with the website, then you compose an online profile, and then you start searching for the offers.

GIRL: Okay. So I write down my age, and I'm female [Presenter: Yeah.], yet I'm still concerned. I am worried what happens to photos and if the photos of the hosts are genuine.

PRESENTER: Well, an essential part of the network is trust. Obviously, if you get positive ratings, you'll get more bookings. And word gets round if there is trouble. It is a community after all.

GIRL: Okay, but what happens if I end up with hippie people or people with weird alternative lifestyles?

PRESENTER: A good question. Well, ahem, people do put on, well, they do develop rather extensive information in their profile. So they post photos and they develop a mission where they say why they're interested in couchsurfing. Ahem, they put on something about their hobbies and their travel experience. Then there's usually quite a lot of information about accommodation, also including pictures or a description of the flat, and, eh, you'll be in email contact or telephone contact beforehand to see if you've got any shared interests. [Girl: Okay.] The world is full of friends you haven't met yet.

GIRL: True. But meeting friends can be quite difficult in foreign countries, for example a language barrier could be a problem.

PRESENTER: That's true. Well, it's true that English is important but on their profile you can see what languages people speak and you can see the level of English they speak. [Girl: Aha.] Most hosts and surfers communicate by phone to make appointments and, after all, it's part of the experience to better understand each other and the world.

GIRL: Oh, thank you very much. My dad will be much more relieved and less worried now. Bye.

PRESENTER: Glad to have helped. Good luck and thanks very much for your questions.

75 **Tapescript 3**

PRESENTER: Welcome back to the show. We have another caller waiting now and this time it's a very special guest who I'm delighted to be able to welcome to the show.

MAN: Yeah, I'm Dr Dieter Eisenhammer from Wiesbaden, Germany, and I'm a host,
80 too.

PRESENTER: Wonderful. Right, Dr Eisenhammer, I hope you don't mind me asking this but would you mind telling us how old you are?

MAN: Oh, I'm a bit over 70 years. [Presenter: Wow.] I took up being a host a few years ago, in 2007, and then I also surfed for myself. [Presenter: Right.] I enjoy
85 this experience, to show people round and have them take part in my life. [Presenter: Right.] Eh, it's a nice anti-aging effect. [Presenter laughs.] Yeah, I would say you are never too old to experience something new.

PRESENTER: That's wonderful. Well, to be honest, I have actually heard of you. Ahem, a little while back there was a documentary made about you, wasn't there?

90 MAN: Yes, yes, yes, yes. I think couchsurfing is about culture and learning about things normally tourists don't get to see. [Presenter: Right.] One day, I took Asian girls with me to a Turkish barber. [Presenter: Okay.] It was their first chance to enter a man's world like that. [Presenter: Amazing.] The girls made sushi for my family as a thank-you. I like when surfers leave a small gift like that [Presenter:
95 Yeah.] and I have never eaten sushi before. Of course, it takes time to entertain guests. Sometimes it's exhausting but sometimes I feel my age.

PRESENTER: Ah, I don't believe that. Ahem, have you ever had a bad experience?

MAN: No, I haven't. But I think it's necessary to set clear rules. Surfers shall leave things tidy and help in the kitchen sometimes. [Presenter: Right.] Of course, they
100 share their life with my wife Rosi. But usually it works fine. Both surfers and hosts need to be open and ready to compromise.

PRESENTER: Very good, very true. Okay, thank you so much for calling, Dr Eisenhammer. And I'm afraid that's all we've got time for in this week's show but I hope you've enjoyed it, I hope you've learned something about couchsurfing and
105 that you all have …

2016-13

1. a) when friends recommended it to him. (ll. 13/14)
   b) enjoyed being Michelle's tenth guest. (ll. 22/23)
   c) an entire room with a great view. (ll. 26/27)
   d) trust and respect. (ll. 31/32)
   e) more than 9 million (l. 34)
   f) has experience as a couch surfer. (ll. 18–23, ll. 26–30)

2. a) **false** (ll. 47/48)
   b) **true** (ll. 57–63)
   c) **true** (ll. 62/63)
   d) **false** (ll. 67–69)

3.

Dr Dieter Eisenhammer

place: *Wiesbaden, Germany*

age: *a bit over 70*

couchsurfer since: *2007*

positive effect of being a host:
anti-aging (effect) / experience sth. new (ll. 86/87)

former guests: *Asian girls*

what we did together:
go to a Turkish barber; their chance to enter a man's world (ll. 92/93)

how they thanked me:
they made sushi (ll. 93/94)

rules at my home:
1. *Leave things tidy (ll. 98/99)*
2. *Help in the kitchen (sometimes) (l. 99)*
3. *Both surfers and hosts need to be open and ready to compromise.*

2 Reading

2.1 Comprehension

1. a) **Maja**
   Erklärung: ll. 15–17

   b) **Maja, Nigel**
   Erklärung: ll. 21/22, l. 54

   c) **Karel**
   Erklärung: ll. 37/38

   d) **Nigel**
   Erklärung: ll. 42/43

2. b) **true**
   evidence: They made some great Hungarian …
   Erklärung: ll. 31/32

   c) **true**
   evidence: Our guides were full of …
   Erklärung: l. 20

   d) **true**
   evidence: To be honest, I only …/I've met several of my …/
   For me it's the true …
   Erklärung: l. 34, l. 25, l. 26

   e) **false**
   evidence: I was disappointed not to …
   Erklärung: ll. 57/58

3. d) camping + travelling by bus + couchsurfing ✓
   *Hinweis: Nigel hat auf Campingplätzen im Yosemite Nationalpark
   übernachtet, Maja ist mit dem Bus durch das Vereinigte Königreich
   gereist und Karel war als Couchsurfer u. a. in Marokko unterwegs.*

2.2 Mediation

Hinweis: Bei dieser Aufgabe sollst du die Nutzungsbedingungen und Vorteile von InterRail- und Eurail-Pässen aufzählen. Lies dir den Text zunächst gründlich durch und unterstreiche die für die Aufgabenstellung relevanten Abschnitte. Übertrage die entsprechenden Stellen dann sinngemäß ins Deutsche. Du kannst in deiner Lösung Stichpunkte verwenden oder in ganzen Sätzen formulieren. Wichtig ist aber, dass du keinen durchgehenden Fließtext erstellt, da in der Arbeitsanweisung eine Aufzählung verlangt wird („List conditions and advantages ... "). Du solltest die einzelnen Aspekte also z. B. durch Anstriche voneinander abtrennen.

Nutzungsbedingungen und Vorteile von InterRail- und Eurail-Tickets:

- InterRail: für EU-Bürger; Eurail: für Nicht-EU-Bürger
- Alter der Reisenden: unter 21 Jahre
- Gültigkeit des Tickets: 1 Monat unbegrenzt in (Zügen) der 2. Klasse in (inzwischen) 30 Ländern Europas
- schnelle und bequeme Art des Reisens ohne lästige Sicherheitschecks (wie am Flughafen)
- in einer Stadt einschlafen und an einem anderen Ort wieder aufwachen
- enger Kontakt mit der einheimischen Bevölkerung und authentische Reiseerfahrungen
- Begegnungen mit Reisenden aus aller Welt

Oder:

- InterRail-Pässe richten sich an EU-Bürger, Reisende aus Nicht-EU-Ländern benötigen einen der Eurail-Pässe.
- Nur Reisende unter 21 Jahren sind zum Erwerb der Tickets berechtigt.
- Das Ticket ist einen Monat unbegrenzt in (Zügen) der 2. Klasse in (inzwischen) 30 Ländern Europas gültig.
- Eurail/InterRail ermöglicht eine schnelle und bequeme Art des Reisens ohne lästige Sicherheitschecks (wie am Flughafen).
- Nachtzüge erlauben es, in einer Stadt einzuschlafen und an einem anderen Ort wieder aufzuwachen.
- Man trifft Einheimische, macht authentische Reiseerfahrungen und lernt Reisende aus aller Welt kennen.

3 Writing

3.1 Language components

(1)	☐ you	☐ your	☐ yours	☑ yourself
(2)	☐ any	☐ much	☐ one	☑ some
(3)	☑ at	☐ for	☐ forward	☐ on
(4)	☐ necessary	☑ necessarily	☐ necessitate	☐ necessity
(5)	☐ didn't	☐ doesn't	☑ don't	☐ not
(6)	☑ face	☐ hand	☐ head	☐ shoulder
(7)	☐ feels	☐ felt	☐ have felt	☑ will feel
(8)	☐ quick	☐ quiet	☐ quit	☑ quite
(9)	☐ blocked	☐ blocker	☑ blocking	☐ blocks
(10)	☐ which	☑ who	☐ whom	☐ whose

Erklärungen zu den Lösungen:

(1) Hier ist ein rückbezügliches Fürwort erforderlich – die richtige Lösung lautet also yourself. *Das Personalpronomen* you *und die beiden besitzanzeigenden Fürwörter bzw. Begleiter* your *und* yours *scheiden aus.*

(2) Hier ist some *die richtige Lösung.* Any *scheidet aus, da es nur in verneinten Sätzen verwendet wird.* One *kommt ebenfalls nicht in Frage, da* spots *in der Mehrzahl steht.* Much *wiederum ist nicht möglich, da* spots *zählbar ist.*

(3) Das Verb to look *kann zwar mit verschiedenen Präpositionen stehen – von der Bedeutung her passt hier aber nur* to look at *(„ansehen"). To look for bedeutet „etwas suchen",* to look forward *heißt „sich auf etwas freuen" und* to look on *kann mit „etwas betrachten, auf etwas schauen" übersetzt werden.*

(4) Hier muss ein Adverb eingesetzt werden, da sich die Lücke auf ein Verb bezieht – die richtige Lösung lautet also necessarily. *Das Adjektiv* necessary *(„notwendig"), das Verb* (to) necessitate *(„benötigen") und das Nomen* necessity *(„Notwendigkeit") scheiden aus.*

(5) Dieser Satz enthält einen Ratschlag bzw. eine Ermahnung, d. h. es muss der (verneinte) Imperativ don't *verwendet werden.* Didn't *(simple past) und* doesn't *(3. Person Singular Präsens) sind nicht möglich.* Not *ist ebenfalls nicht richtig, da es ohne das Hilfsverb* to do *noch keinen Imperativ bildet.*

(6) Hier ist von der Bedeutung her nur (to) face *möglich („sich etwas zuwenden, entgegenstellen"). Alle anderen Möglichkeiten ergeben keinen Sinn.*

(7) Hier wird eine Vorhersage gemacht, d. h. es muss das will-future *verwendet werden (das auch später im Satz noch einmal auftaucht).* Feels *scheidet aus, da es nicht zur 2. Person Singular passt und im* simple present *steht, und* felt *und* have felt *sind als Vergangenheitsformen hier nicht logisch.*

2016-17

(8) *Bei dieser Lücke passt von der Bedeutung her nur* quite *(„ziemlich").* Quick *(„schnell"),* quit *(„etwas aufgeben, beenden")* und quiet *(„leise")* ergeben keinen Sinn.

(9) *An dieser Stelle muss ein Gerundium eingefügt werden – die richtige Lösung lautet daher* blocking. Blocked *(simple past),* blocker *(Nomen)* und blocks *(3. Person Singular Präsens) kommen nicht in Frage.*

(10) *Für diese Lücke ist ein Relativpronomen erforderlich, das sich auf Personen bezieht und das Subjekt des Satzes bildet – es kann also nur* who *richtig sein.* Which *scheidet aus, da es sich nur auf Gegenstände bezieht.* Whom *ist nicht möglich, da es nur als Objekt im Satz fungieren kann.* Whose *scheidet ebenfalls aus, da es nur im Genitiv („deren/dessen") verwendet wird.*

3.2 Guided writing

Hinweis: Beim „gelenkten Schreiben" sind die inhaltlichen Aspekte, die deine Lösung enthalten soll, bereits größtenteils vorgegeben. Deine Aufgabe besteht nun darin, die angegebenen Informationen ins Englische zu übertragen und in die Form einer (formellen) E-Mail zu bringen. Achte beim Erstellen deiner Lösung auf eine passende Anrede und Schlussformel sowie einen angemessenen, höflichen Sprachstil. Überprüfe außerdem, ob deine E-Mail wirklich alle in der Aufgabenstellung genannten Gesichtspunkte enthält. Zum Schluss solltest du deinen Text noch einmal genau durchlesen und ggf. sprachliche Fehler verbessern.

Dear Sir or Madam,

My name is Max Mustermann. I stayed at your hotel from 2nd to 7th May in Room 327. I booked half-board and I was very satisfied with my room and the meals at your nice restaurant. Thank you very much! Unfortunately I forgot my jacket in the wardrobe because it was warm on 7th May. It is a dark blue softshell jacket with a yellow zip. There must be a watch in the left pocket. It's an analogue watch with the Brandenburg Gate on it. It has a black strap.

The watch is very important to me because it was a present from my grandma, and the jacket is important, too. I bought it with the first money I had earned myself. I would be very happy if you could check whether both things are still there. Could you let me know whether you have found them and whether it would be possible to send them to Germany? Of course I would pay for the shipping. Thank you in advance for your help. I wish you and your staff all the best!

Yours faithfully,

Max Mustermann

3.3 Creative writing

Hinweis: Beim kreativen Schreiben werden dir vier Themen zur Auswahl gestellt. Lies dir zunächst alle Themen durch. Neben dem inhaltlichen Schwerpunkt ist immer auch eine bestimmte Textsorte vorgegeben. Überlege, zu welchem Thema dir spontan am meisten einfällt und welche Textsorte dir gut liegt – diese Aufgabe solltest du bearbeiten. Um deinen Text sinnvoll zu strukturieren, solltest du dir zunächst einige Notizen machen. Danach kannst du mit dem Ausformulieren deiner Lösung beginnen.

Insgesamt sollte dein Text ca. 180 Wörter umfassen. Die untenstehenden Beispiellösungen sind jedoch absichtlich etwas länger, um dir möglichst viele Anregungen zu geben.

1. **What my shoes can tell you**

   Today, I'd like to write about my experiences with low-budget travelling. When I was a child, my parents had very little money, so we only travelled within Europe, and my parents always bought the tickets for trains, buses or flights long before our trips to reduce costs. In addition, we usually stayed at youth hostels, at our friends' or relatives' houses, or we went camping.

   I've always enjoyed this kind of holiday because I think it is much more exciting than staying at a fancy hotel. Now, my parents allow me to go on holiday on my own, and I continue to travel in low-budget style. Last summer, for example, I packed my rucksack and went to Austria by coach. I stayed at different farms in the mountains and helped with the work in return for food and accommodation. Whenever I had a few days off, I went hiking. In some of the mountain huts you get a place to sleep and something to eat and drink for very little money. I often met other mountaineers and we continued our hikes together.

   All in all, I think low-budget travelling is a great way of getting to know a country or region and meeting interesting people. You should definitely try it out for yourselves! *(213 words)*

2. **How to handle social networks**

   Hi guys,

   I've just come across your discussion about social networks. I'd like to share my own thoughts about networking habits in general, and also tell you a bit about my own behaviour.

   I think most young people go online every day, or at least several times a week. A lot of us use social networks such as Facebook, Instagram, or Snapchat. We all see the advantages of these platforms: They make it easier to stay in touch with one's friends and communicate with people from all around the world. You can send messages, post photos, and share important events with the people you like.

   However, there are also problems related to social networks. For example, some of my friends are online all the time – they're almost addicted to the internet. Another problem is cyberbullying: I think we all know someone who has been made fun of, insulted or threatened on social platforms – that can be really tough!

As for me, bullying is one of the reasons why I'm rather careful what I post online. I try not to give away too many personal details, and I take care that only my best friends can see my online profile. I also switch off my smartphone from time to time – for example, when I'm doing my homework or when I meet up with friends. I don't want to be distracted by messages popping up every few seconds … Apart from that, I enjoy the benefits of social platforms – I think if you use them carefully, they're a great way of communicating! *(260 words)*

3. **"The world is full of friends you haven't met yet."**

Maybe some of you have already been in this situation: Your family has just moved to a new city and you don't know anybody there yet, or you are generally finding it hard to get in touch with people … In this week's *YouthMag*, we would like to give you some advice on how to make new friends and keep existing friendships alive.

Usually, nobody will come to your home and ask if you want to be his/her friend. You have to get active yourself: Leave your room, join a sports club or take part in extra-curricular activities – in this way, you can meet people who share the same hobbies. Smile at other people and show interest in what they are doing – small things like these can be the beginning of a great friendship and they work anywhere in the world.

Keep in mind that friendships have to be cultivated. Try to meet regularly – if that is not possible, phone each other or stay in touch online. Share the good times but also have an open ear for your friends' worries. Talking honestly about your doubts and sorrows will bind you closer together and make your friendship even stronger.

Remember that "the world is full of friends you haven't met yet". You just have to go out and meet them! *(222 words)*

4. **How to say thanks**

Are you looking for ideas how to thank your mum, your dad or a best friend for his or her help? Are you low on funds but would still like to show them how much you appreciate their support?

Saying thanks needn't mean buying expensive presents. Here are four simple tips how to show your gratitude without spending much money:

1. At a time when everyone is in a hurry, it can be a great gift just to spend a day together. For example, you could organise a walking trip or bike tour for the person you'd like to thank. Take care to plan the route and prepare a nice picnic so that they can simply relax … Write an imaginative invitation.
2. Make a delicious cake for the person or prepare their favourite meal. Cooking dinner together can also be a great idea and is plenty of fun.

3. If you are creative, do something creative! Draw a picture, write a poem, or make an album with photos and little texts about your shared experiences.
4. Make a pretty bouquet of wild flowers that you have picked in a meadow or in your garden.

Remember: it's not the money you spend on a present that counts, but that it is something individual and comes from the heart. *(218 words)*

Realschulabschluss Englisch (Sachsen)
Abschlussprüfung 2017

1 Listening   (15 BE)

It's festival time
Every year there are several festivals across Europe. You will listen to
people talking about three of them.
There are two parts. You will hear each text twice.

a) First listen to two people giving information about two festivals.
    Fill in the missing information.   (9 BE)

---

1   The International Dance Festival

place   _____

date   from _____ to _____

ticket prices   _____

duration of scholarship programme   _____

---

2   The Power Big Meet

kind of festival   _____

place   _____

date   from _____ to _____

this year expected:
number of cars _____   number of visitors _____

police check for   _____

2017-1

b) Now listen to an interview at Wacken Open Air. Mark the correct option to complete the sentences. (6 BE)

1. Wacken Open Air is a festival for fans of …
   - [ ] camping in northern Germany.
   - [ ] free love and sharing everything.
   - [ ] heavy metal music.

2. This year they had a difficult situation because …
   - [ ] nobody used public buses.
   - [ ] of rain and mud everywhere.
   - [ ] the fans were aggressive.

3. Michael is …
   - [ ] a member of a heavy metal band.
   - [ ] a metal fan and a photographer.
   - [ ] an organiser of Wacken Open Air.

4. Michael's parents …
   - [ ] played in a metal band themselves.
   - [ ] put posters of metal bands in his room.
   - [ ] were fans of heavy metal music, too.

5. He got the job at the festival because …
   - [ ] he had remarkable photo equipment.
   - [ ] he sent festival photos to a magazine.
   - [ ] he took festival photos with his smartphone.

6. Michael's payment at the festival is free entrance and …
   - [ ] food and drinks.
   - [ ] good cash.
   - [ ] photo equipment.

2 Reading

(15 BE)

2.1 Comprehension

Read the text. Then do tasks a, b and c.

Glastonbury Festival

Glastonbury is one of the biggest music festivals of the year. It takes place on Worthy Farm, Glastonbury. The festival is famous for its mud. It is held for five days in June in the southwest of England, where it rains a lot.

Emily Eavis is very much the daughter of Glastonbury Festival. As the youngest child of Michael and Jean Eavis, who founded the festival in 1970, she grew up living on Worthy Farm and, at 36, is actually nine years younger than the festival itself. Her early Glastonbury memories are full of hot festival days, smells from the camp fires at dinnertime and people sitting close to the stage watching music. But despite these positive memories, she admits to having had a love-hate relationship with the festival. She was a teenager, after all.

"When I was growing up, I loved the festival but I also resented or hated it from time-to-time," she remembers. "I couldn't understand why so many people were in *our* garden. It was like an invasion. Why weren't they in other people's gardens, too?"

Today, having parents that run a festival might make you the most popular kid at school, but back then it was a different story. Drug and violence rumours circulated around her school, fueled not only by local children, but local parents. "Kids thought bad stuff happened all the time, that people injected each other in the crowd and stuff like that," she recalls.

Emily didn't always set out to work for the festival. She was training to be a school teacher, but when her mother was diagnosed with cancer and passed away in 1999, Emily returned home to help with the running of the festival. Now, she works as the co-organiser and is responsible for booking major acts, such as Kanye West, along with her husband, music manager Nick Dewey. Emily is lucky if she gets to see any acts at all, once the festival rolls around. "It's always hard to see everyone I planned to or watch a whole set, as I get swept up in a million other things," she says. This can include anything from sorting security issues with people jumping the fence or putting wood chippings down in a flooded area.

Her favourite part of the festival is the first day: "When people rush in, excited and smiling. It still gives me butterflies. Even if there is pouring rain and treacherous weather conditions, people are still smiling ear-to-ear. We've built this incredible city and it's fantastic to be part of it." Glastonbury has always been a family affair, and Emily seems keen for that to continue.

40 Emily grew up in the same small farmhouse where she now lives with her husband and two sons, George, five, and Noah, two. "It's right in the middle of the site, so there is no escape," she laughs.

In the mornings her father, Michael, comes down to the house to take her boys out around the farm. And that's the time when the father-
45 daughter duo talk business, exchanging updates about festival bookings and finer details.

When your office is on your doorstep and you work with your husband, maintaining a work-life balance takes a lot of effort. "We have a rule at home not to talk about the festival after dinner. Otherwise it absorbs
50 our lives, especially in the busy months," she says.

That's not going to stop the full Eavis clan attending the festival once it kicks off, of course. She and her husband are keen that the boys experience the festival to the fullest. In short, she wants her children to have a similar upbringing to her own.

Adapted from: Brogan Driscoll: My Life: Emily Eavis On Growing Up With Glastonbury Festival In Her Back Garden, 19/06/2015, http://www.huffingtonpost.co.uk/2015/06/19/ glastonbury-festival-emily-eavis-kanye-west_n_7602528.html

a) Complete the flyer about the festival with information from the text. (2 BE)

Glastonbury Festival

Place _____

Month _____

Year of Foundation _____

Founders _____

_____

b) Emily Eavis has a love-hate relationship with the festival. Find 4 examples of her childhood memories in the text. (4 BE)

positive memories:

_____

_____

negative memories:

_____

_____

c) Decide whether the following statements are true or false. Mark the correct option and write down the first 5 words of a sentence giving evidence. (4 BE)

	true	false	evidence
1. Growing up with the festival Emily had always intended to work for it.	☐	☐	_____
2. During the festival Emily watches all the acts.	☐	☐	_____
3. Emily's father is still involved in organising the festival.	☐	☐	_____
4. In order to live a normal life Emily's family try to keep the evenings free of work.	☐	☐	_____

2.2 Mediation (5 BE)

Read the text. Write down in German **what** silent discos are, **where** and **why** they are that popular.

Silent Discos

Silent discos, where people dance to music played on personal head-phones rather than loudspeakers, are not completely new, but they are becoming increasingly popular at weddings and private parties. One advantage is that teenagers can dance all night without keeping their parents or the neighbours awake. Dancers choose from different channels, so classical music fans can dance on the same dance floor as people who only listen to techno music or heavy metal. In Britain, the popularity of silent discos started in 2005. Now the practice is beginning to enter the main stream, which is what happened with karaoke before. There are at least half a dozen companies that organise silent discos full-time. All of them say that business is booming now. Graham Locke, owner of No-Noise Disco, says, "This time last year, we were organising about one disco a week. Now the phone never stops ringing. This weekend we are doing eight discos. Brilliant!"

2017-5

3   Writing   (40 BE)

3.1 Language components   (10 BE)

Mark the correct option in the chart below.

Park Rules

The Atlanta Jazz Festival is a Class A Festival, which means there are a number of rules. They help to keep us all **(1)** in a large festival environment.

PLEASE

No Pets: We love our furfriends too, but we all must leave our dogs, cats, ponies and mini-pigs at home whether you leash **(2)** or not.

No Grilling: Grilling is prohibited in all areas of the park **(3)** the festival time.

No Smoking: The City of Atlanta passed a law to **(4)** smoking in public parks.

No Tent Staking: Tents cannot be staked into the ground in order to secure them. If your tent footprint is larger than 3m x 3m, you **(5)** the Department of Parks and Recreation. There you can get **(6)** permission to use your oversized tent.

No Bicycles or Skates: Festival rules also prohibit the use **(7)** motorized vehicles, except for use by emergency and festival personnel. Skateboard, roller-skate, bicycle, motorcycle, or moped riding is not allowed during event times. A free bike service **(8)** to store your bikes safely.

No Littering: **(9)** waste and recycling bins located all over the park. Use them.

Lost and Found: Lost and found (including children) is located at the Lost and Found tent at the Main Stage backstage entrance. The backstage entrance is on the side of the stage **(10)** faces the park entrance at 10th Street.

... AND THANK YOU.

---

(1)	☐	safe	☐	safely	☐	safety	☐	save
(2)	☐	it	☐	she	☐	them	☐	they
(3)	☐	along	☐	during	☐	since	☐	while
(4)	☐	ban	☐	banned	☐	banning	☐	bans
(5)	☐	contacted	☐	contacts	☐	have contacted	☐	must contact
(6)	☐	write	☐	written	☐	writing	☐	wrote
(7)	☐	at	☐	for	☐	in	☐	of

(8)	☐ are offered	☐ is offered	☐ was offered	☐ were offered
(9)	☐ Their	☐ There are	☐ There is	☐ They are
(10)	☐ what	☐ which	☐ who	☐ whose

3.2 Guided writing (15 BE)

The best day I have ever had

Use the information and complete the picture story. (9 BE)

1

*Mutton Arena –
15. 4. – viele Men-
schen – alle jubeln*

2

Ticket? – traurig und
enttäuscht
(2 BE)

3

plötzlich – Gitarrist
der Band – Hilfe
(1 BE)

4

Einladung back-
stage – Kennen-
lernen vor Konzert –
Freude
(2 BE)

5

Konzertteilnahme –
in der ersten Reihe
– glücklich / zufrie-
den
(2 BE)

6

zurück in Schule –
Bericht an Freunde
– Freunde neidisch
(2 BE)

Für die Qualität der sprachlichen Umsetzung können Sie bis zu 6 BE (6 BE)
erhalten.

The best day I have ever had

I remember the day when there was a concert of my favourite band at Mutton Arena on April 15th. I was about to enter the arena and heard a lot of people cheering.

3.3 Creative writing   (15 BE)

Choose one topic and mark it. Write a text of about 180 words.
Count your words.

☐ a) **Music is balm for your soul**
Almost everybody enjoys listening to music or even plays an instrument.
How important is music for you? In what way does it influence your life?
Write an article for a music magazine.

☐ b) **My region is special**
Glastonbury Festival, Wacken Open Air or the Power Big Meet are cultural highlights in Europe.
Which cultural events, traditions or sights are typical of your region?
Write a text for a tourist brochure.

☐ c) **Win a day with your star**
An online magazine starts a competition.
Think about the celebrity you would choose. Give reasons for your choice and plan some activities for that day.
Write an E-mail to the magazine to win a day with your star.

☐ d) **Living my dream**
Some people are lucky enough to turn their hobbies into a profession. How do you imagine your future job? Which of your personal qualities, skills and work experience will be useful?
Write an entry for a blog.

Lösungsvorschlag

1   Listening

Transcript 1

1   SPEAKER 1: Hi, everyone out there. Do you have plans for your summer holidays? Don't
miss the best festivals across Europe. There is a great range of interesting and exciting spots for you to visit. For example: Are you interested in dance? The International Dance Festival might just be the place for you.

5   The International Dance Festival in Vienna/Austria was founded in 1984 and has
developed into one of the largest festivals of contemporary dance worldwide. Each
summer, thousands of dancers, choreographers and artists come from all over the
world and work together for five weeks in the Austrian capital.

The Vienna International Dance Festival will be held from July 14th to August 14th
10   this year. More than 120 internationally renowned teachers and choreographers will
lead more than 200 workshops open to about 3,000 students ranging from beginners
to advanced. More than 50 productions will be shown at 10 different locations and
will be attended by more than 20,000 visitors. Tickets are half price for students
taking part in workshops and the ticket prices range from 20 to 50 €.

15   Are you a dancer yourself? You can apply for a scholarship programme. The scholarship programme is a five-week training programme which takes place every year
in July and August in Vienna within the framework of the Vienna International
Dance Festival.

SPEAKER 2: We've got quite an interesting proposition for all of you car lovers out
20   there today. That's right. If you like the smell of hot engines, big pistons and burning
rubber, then the Big Power Meet Festival is the festival for you.

It is well-known that the Big Power Meet Festival is the largest car show in the
world. And it's all outdoors.

Well, a little bit about the history now. And the Power Big Meet started in Anders-
25   torp in Sweden in 1978 with only 400 visitors and a paltry 80 cars. Well, this year,
they're expecting at least 50 different countries to be visiting. That means people
from 50 different places, including places as far as the oddest Pakistan, Thailand,
Singapore – you name it – they are coming to Anderstorp.

And the dates to put in your diary are July 7th, 8th and 9th – three days of car, fuel,
30   fun. But, how much does it cost to enter the Big Meet showgrounds? Well, this, this
is, I can't believe what I'm reading: 300 Swedish crowns per person. 300 Swedish
crowns for all three days. Unbelievable!

There'll be about 20,000 different visiting vehicles and 100,000 visitors. That means
this Meet is going to be simply outstanding.

35   Well, nowadays cruising, that's the driving, takes place on Thursday, Friday and Saturday night. That means, yeah, you can go, you can have fun. But, it is important,
police do check for alcohol quite regularly. So that means a 100 % sober driver is
vital equipment at this festival.

2017-10

Transcript 2

1 REPORTER: Hi, I'm here at Wacken Open Air. Four days, 24 hours a day of heavy metal, camping and partying with metal fans from every corner of the globe. Although
the music is incredible – this experience is really about the people. Metal fans from
all over the world coming together on a farm located in northern Germany with a
5 common interest – Heavy Metal.
Although, if you are not a fan, the music may sound angry and aggressive, the fans
share a love for the music and metal culture that creates an instant sense of community regardless of race, sex, age, income level and language.
Let's talk with a fan. Hi, excuse me, what's your name? How are things going this
10 year?

MICHAEL: Hi, I'm Michael. And it's been a difficult situation this year to be honest,
it's been raining for 5 days straight, never seems to stop. It's been 3 cm of water in
the last few days. In fact, it rained so much the fans were asked to use the buses –
we need to go easy what with the ground being completely soaked by the water.

15 REPORTER: Do you think the organisers will cancel the rest of this year's festival?

MICHAEL: Ah, no … it's not that bad. That's never gonna happen, thanks to the great
organisers, roadies and, of course – the best and most hardcore fans in the world!!!

REPORTER: I see … but you're not a fan, I suppose … with all that photo equipment?
All the others are taking photos with their smartphones.

20 MICHAEL: Oh, I certainly am a fan. In fact, that's how it all began. I've always been a
metalhead.
I've been watching all of the bands this year, listening to them, and having just as
much fun as everybody else. But I've also been taking photos for *Headbangers*, an
English metal magazine.

25 REPORTER: That must be a great job. How did it all begin? And are you employed as a
member of the magazine staff?

MICHAEL: Yeah, kind of. It's a bit of a strange story, to be honest. I've always been a
fan of heavy metal. Even my parents had all the records of the legends and they
took me to gigs around here, even as a child, so I started experiencing these great
30 atmospheres very early on.

REPORTER: That's not the end of your story, I suppose – what about the photography?

MICHAEL: Yeah, well. At first, I wanted to keep some unforgettable moments for myself, kind of momentos at home – some posters for the walls of my room and some
for my own personal photo album. And after the gigs, I met my friends and we
35 listened to some music together and looked at the photos – a kind of a memorial
day. But then, one of them said: "What a great photo of the main stage – and look
at that one. Why don't you send them in?"

REPORTER: I see, that was the beginning.

MICHAEL: Yeah, in a way, things started slowly, sometimes this photo, sometimes that
40 appeared in one of the issues and then, maybe a year after my first photo in the
magazine, I got a call from the *Headbangers'* staff – they asked me if I was interested in becoming the main photographer for the magazine.

REPORTER: So, you're lucky – you earn your living with your hobby.

MICHAEL: No, not quite – it is a great job really, but when I am not at festivals, I sell
45 sports equipment back home.
REPORTER: But you don't do it for free, do you? I mean, if I understand you correctly,
you've got to watch almost every band? That means being at the stages very early,
going to bed late and all those things, right?
MICHAEL: Well, not almost every band – absolutely every band. And it's not always
50 easy to manage because of the amount of stages, but, yeah, that's what I do. And
they don't pay me, well not with money I mean, so I don't get cash. But I can go to
every festival for free, and I can be on the Metal Cruise for free, that's a week-long
cruise with lots of bands. And that's really expensive if you have to pay for it. As
well as that, as a crew member, I get all my food and drinks for free. And I can see
55 all of my own photos with my own name in every issue of the magazine – it's not
bad, is it?
REPORTER: No, not at all. Do you mind if I ask how old you are?
MICHAEL: No, sure. I'm 26 now and I'm gonna do these jobs as long as I possibly can.
My girlfriend always joins me – we met at Wacken back in 2013, I think, and we've
60 been visiting the festivals ever since.
Oh, I'm sorry, I'm afraid I've got to go. They are going to start on the Black Stage
in a few minutes.
REPORTER: All right. Thank you. And have a great festival.
MICHAEL: Cheers. You, too. See you.

a)

1	The International Dance Festival		
	place	*Vienna / Austria*	
	date	from *14th July*	to *14th August*
	ticket prices	*€ 20-50*	
	duration of scholarship programme	*5 weeks*	

2	The Power Big Meet		
	kind of festival	*(largest) car show (in the world)*	
	place	*Anderstorp/Sweden*	
	date	from *7th July*	to *9th July*
	this year expected: number of cars *20,000*	number of visitors *100,000*	
	police check for	*alcohol*	

2017-12

b) 1. heavy metal music. (ll. 1–5)
   2. of rain and mud everywhere. (ll. 11–14)
   3. a metal fan and a photographer. (ll. 20–24)
   4. were fans of heavy metal music, too. (ll. 28–30)
   5. he sent festival photos to a magazine. (ll. 36–42)
   6. food and drinks. (l. 54)

2 Reading

2.1 Comprehension

a)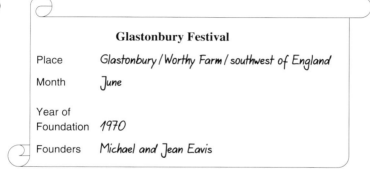

Glastonbury Festival

Place	Glastonbury / Worthy Farm / southwest of England
Month	June
Year of Foundation	1970
Founders	Michael and Jean Eavis

b) positive memories *(you have to name only two of the following)*:

hot festival days
Erklärung: l. 9

(smells from the) camp fires
Erklärung: l. 9

people sitting and watching music
Erklärung: l. 10

negative memories:

many people in their garden / it was like an invasion
Erklärung: l. 15

drug rumours / violence rumours
Erklärung: ll. 18/19

c) 1. **false**
   evidence: Emily didn't always set out … / She was training to be …
   Erklärung: l. 23, ll. 23/24

   2. **false**
   evidence: Emily is lucky if she … / It's always hard to see …
   Erklärung: ll. 28/29, ll. 29–31

   3. **true**
   evidence: And that's the time when …
   Erklärung: ll. 44–46

   4. **true**
   evidence: We have a rule at …
   Erklärung: ll. 48–50

2.2 Mediation

Hinweis: Bei dieser Aufgabe musst du die Aufgabenstellung genau lesen, da nur nach bestimmten Aspekten des Textes gefragt wird und zwar nach der Erläuterung, was der Begriff „Silent disco" bedeutet, wo sie üblicherweise stattfinden und warum diese Diskos so beliebt sind. Die Arbeitsanweisung gibt nicht genau vor, ob deine Antwort in Stichpunkten oder als Fließtext verfasst sein soll. Deshalb werden dir hier zwei Lösungsmöglichkeiten angeboten.

Stille Diskos

Was?
- Leute tanzen zu Musik über Kopfhörer, Lautsprecher gibt es gar nicht

Wo?
- Hochzeiten, private Partys

Warum?
- niemand wird durch zu laute Musik gestört (z. B. Eltern, Nachbarn)
- zu verschiedensten Musikkanälen und Musikstilen, von Klassik bis Techno oder Heavy Metal, kann gleichzeitig getanzt werden

Oder:

„Silent discos" sind stille Diskos, d. h., hier wird keine Musik über Lautsprecher abgespielt. Stattdessen hören die Leute die Musik, die sie mögen, über Kopfhörer. Das Gute daran ist, dass so weder Eltern noch Nachbarn gestört werden. Außerdem können die Tänzer ihre Lieblingsmusik auswählen und so tanzen Klassikfans in Ruhe neben Technofans. Diese Diskos werden immer beliebter bei Hochzeiten und privaten Partys.

2017-14

3 Writing

3.1 Language components

(1)	✓ safe	safely	safety	save
(2)	it	she	✓ them	they
(3)	along	✓ during	since	while
(4)	✓ ban	banned	banning	bans
(5)	contacted	contacts	have con-tacted	✓ must con-tact
(6)	write	✓ written	writing	wrote
(7)	at	for	in	✓ of
(8)	are offered	✓ is offered	was offered	were offered
(9)	Their	✓ There are	There is	They are
(10)	what	✓ which	who	whose

Erklärungen zu den Lösungen:

(1) In Verbindung mit keep *wird hier ein Adjektiv benötigt. Somit kannst du das Substantiv* safety *und das Adverb* safely *bereits ausschließen. Wichtig ist außerdem, dass du die folgende Rechtschreibregel kennst: Das Adjektiv schreibt sich* safe, (to) save *ist ein Verb. Die richtige Lösung ist also* safe.

(2) Hier fehlt das Objekt. She *und* they *scheiden als Subjektformen aus.* It *könnte zwar auch die Objektform des Personalpronomens sein, aber da sich das hier fehlende Wort auf die aufgezählten Tiere beziehen muss, kommt nur die Pluralform* them *infrage.*

(3) Es geht hier um die englische Entsprechung für das deutsche „während der Zeit des Festivals". Zunächst scheinen also during *und* while *in Frage zu kommen.* While *leitet jedoch immer einen Nebensatz ein, ist also nur in Kombination mit einem Verb möglich, weshalb hier die Präposition* during *richtig ist.*

(4) „to" verlangt hier einen Infinitiv des Verbs. Somit kommt nur ban *in Frage.*

(5) Hier können dir sowohl grammatikalische Regeln als auch der Textzusammenhang helfen, die richtige Lösung zu finden. Die Antwort contacts *kannst du sicher ausschließen, da sie mit dem Subjekt* you *nicht zusammenpasst. Auch Zeitformen der Vergangenheit sind in einem allgemeingültigen Text nicht üblich. Es bleibt also nur die Lösung* must contact, *die hier auch am meisten Sinn ergibt, weil beschrieben wird, was man tun muss oder sollte, wenn man ein zu großes Zelt hat.*

(6) Die englische Entsprechung zum deutschen Ausdruck „schriftliche Genehmigung", die hier gesucht wird, lautet written permission.

(7) Hier fehlt die richtige Präposition, um auszudrücken, dass die Benutzung von *bestimmten Fahrzeugen nicht gestattet ist. Richtig ist also* of.

(8) Hier wird eine Passivform erwartet. Da das Subjekt eine Singularform ist und der ganze Satz im present tense *verfasst ist, kommt nur* is offered *in Frage.*

(9) Hier brauchst du die englische Entsprechung für das deutsche „Es gibt …". Da das nachfolgende Substantiv („waste and recycling bins") *im Plural steht, kommt nur* There are *in Frage.*

(10) Hier brauchst du ein Relativpronomen. Es muss sich außerdem auf „the side of the stage" beziehen, weshalb nur das auf Dinge bezügliche which *möglich ist.*

3.2 Guided writing

Hinweis: Im „gelenkten Schreiben" ist dir der Inhalt deines Textes bereits vorgegeben. Hier sollst du mithilfe der Bilder und deutschen Stichpunkte eine Erlebnisbeschreibung auf Englisch verfassen. Wichtig ist, dass du alle inhaltlich wichtigen Aspekte erwähnst, aber auch für die sprachliche Ausgestaltung erhältst du Punkte. Achte also auf eine der Textsorte angepasste Wortwahl und schreibe deine Geschichte möglichst anschaulich, indem du auch mal Spannung erzeugst, Gefühle schilderst etc. Der bereits vorgegebene Anfang zeigt dir außerdem, dass deine Geschichte im past tense *gehalten sein sollte. Zum Schluss solltest du alles noch einmal durchlesen, um eventuelle Fehler verbessern zu können. Du könntest auch alle Stichpunkte in der Angabe abhaken, damit du in deiner Lösung nichts vergisst.*

The best day I have ever had

… But when I wanted to take out my ticket, I got a shock. I couldn't find it! I searched and searched through my bag, but it wasn't there. Disappointed and sad that I wouldn't be able to see my favourite band live, I sat down on the ground and started crying.

You cannot imagine what happened next. Suddenly somebody touched my shoulder and asked what was wrong. I looked up and saw … the guitarist of my favourite band! When I told him that I had lost my ticket, he invited me to come with him backstage before the concert. Of course, I was happy to do so and met all the band members, which was fantastic.

And I even got the chance to see the concert after all: I stood in the first row directly in front of the stage and really enjoyed the concert of my new friends.

The next day, when I told my friends at school, they couldn't believe my luck and were really jealous.

All in all, losing my ticket was the best thing that ever happened to me.

3.3 Creative writing

Hinweis: Beim kreativen Schreiben werden vier Themen vorgeschlagen. Lies dir zunächst alle Themen aufmerksam durch, achte darauf, welche Textsorte dir gut liegt und zu welchem Thema dir am meisten einfällt und verfasse ein Konzept. Das hilft dir, deinen Text sinnvoll zu strukturieren. Auch die geforderte Textsorte gibt dir einen gewissen Rahmen vor. Ein Artikel beispielsweise sollte eine Überschrift haben und mit einer Art Basissatz beginnen. Um einen Werbetext für eine Touristenbroschüre zu verfassen, kannst du deiner Kreativität freien Lauf lassen. Es ist jedoch auch hier sicher sinnvoll, deinen Text nach geeigneten Überpunkten zu strukturieren. Bei einer E-Mail dürfen Anrede und Schlussformel nicht fehlen. Für einen Blog gilt, wie für die anderen Texte auch, dass dein Text nach bestimmten, klar erkennbaren inhaltlichen Hauptpunkten gegliedert sein sollte. Diese wiederum findest du in der Aufgabenstellung (z. B. welche Art von Job, warum, persönliche Voraussetzungen, Arbeitserfahrungen etc.). Dein Text soll ungefähr 180 Wörter umfassen.

a) **Music – a family affair**

Whether we always realise it or not, music is a part of most of our lives and for me, it is even more than that because it connects me to my family. I can't remember a single day without music at our home. Everyone in our family loves music and we all play musical instruments: my parents play the guitar, my big brother plays the drums and I play the piano. Our friends and relatives have always enjoyed our family performances at Christmas and birthday parties. However, nowadays it has become difficult to play together as often as we did in the past. My brother is a student at the university in Leipzig and I'm in the 10th grade and have to study hard, so we don't have much time for music any more. However, I will never stop playing the piano and I am planning to join the band in which my brother is the drummer. So, we can still spend time together and music will stay a family thing for us. *(177 words)*

b) **Saxony – a place of musical traditions**

Saxony is known throughout the world for its musical traditions. Famous composers, such as Johann Sebastian Bach, Carl Maria von Weber, Richard Wagner and Robert Schumann, lived here. They have inspired a music scene that is almost unparalleled up to this day.

Choirs:
Leipzig is the home of the well-known Thomaner Choir. One of the highlights in their programme is their Christmas Concert in Thomas Church.
Dresden is home to the "Kreuzchor". Visit one of their concerts in Dynamo Dresden's football stadium. They sing together with their huge audience, which makes the concert an experience you will never forget.

Music Venues:
Dresden also houses music theatres of worldwide fame – the Semper Opera House and the newly built State Operetta Theatre. If you prefer something

more casual, the New Town of Dresden has several pubs and cafés where you can listen to live music while enjoying a drink.

Festivals:

Besides the Dixieland Festival in May and the Music Festival in June, Dresden offers the special attraction of the Film Nights, a music and film festival directly by the river Elbe's shore, in front of the city's beautiful skyline.

Come to Saxony and listen, enjoy and be amazed! *(202 words)*

c) Hi there,

I'd like to apply to spend a day with Emma Watson, my favourite actress since *Harry Potter* and *Beauty and the Beast* came out.

I admire her beauty, but she is not only good-looking: She is an intelligent young woman as well, who got a university degree despite having earned enough money from her films since her childhood. Furthermore, after Hermione, she played very different characters, which shows that she is a talented actress.

If I got the chance to spend a day with Emma, I would like to show her my hometown Dresden. We could take a boat trip on the river Elbe to see both the city's skyline and the surrounding nature. After returning, I would take her to a small café in the world-famous Old Town where we could chat before ending the day with a concert in the rebuilt "Kulturpalast".

My day with Emma Watson would be a highlight for both of us: for Emma because she could get to know Dresden, for me because I would have plenty of opportunities to ask her all I've ever wanted to know.

I'd be thrilled to be chosen and can't wait for your answer.

Yours, Paula *(200 words)*

d) Looking for a job that suits you is a very important step in your life. I'm lucky enough to know what I would like to do after school.

Being a very social person, I would love to meet lots of new people every day. My dream is to have my own restaurant or café. Not only am I a friendly and patient person, I also like cooking as well as decorating rooms and tables according to different seasons or events. So, I think I could create an atmosphere where my guests would feel welcome and at home.

Last year I did some practical training as a waitress at Waldhotel, this year I worked in the kitchen of NH-hotel during the holidays. Both were great experiences and I know they will help me to make my dream come true. After finishing school, I will do an apprenticeship as a waitress and will also take some extra cooking lessons. I hope to always progress in my work and run my own business in the course of a few years. In my opinion, if you know what you want and love what you do, that is the key to success. *(197 words)*

Realschulabschluss Englisch (Sachsen)
Abschlussprüfung 2018

1 Listening (15 BE)

Living and learning in our modern world

You will listen to a radio show: Living and learning in our modern world. The reporter and two guests are talking about the Amish. There are 3 parts. You will hear each text twice.

a) Listen to the reporter first. Which of the following facts are true for the Amish? Mark the 5 correct options. (5 BE)

☐ using horses ☐ writing e-mails
☐ having some unwritten rules
☐ believing in the Bible
☐ being corrupt ☐ having their own schools
☐ living the American way of life
☐ living in their community ☐ using electricity

b) Listen to Maria. Finish the sentences according to the text. Mark the correct option. (4 BE)

1. Amish family members quite often …
   ☐ learn together in the lessons.
   ☐ teach at Amish schools.
   ☐ work together on the farms.

2018-1

2. School subjects contain …

☐ agricultural and homemaking skills.

☐ rules for the world outside.

☐ writing and mathematics.

3. Starting an Amish school day means …

☐ cleaning the blackboard.

☐ having assembly and registration.

☐ reading the Bible and singing.

4. At school Amish are also taught …

☐ to be patient and cooperative.

☐ to honour the elders.

☐ to teach the younger ones.

c) Listen to the interview with Emma.
Find examples that support the following statements. Take notes. (6 BE)

1. Emma did not have many ideas about using modern technology.

_____

_____

_____

2. Emma changed her outfit outside her community.

_____

_____

_____

3. Emma and others who left the Amish wanted more freedom.

_____

_____

_____

2 Reading   (15 BE)

2.1 Comprehension

Read the text. Then do tasks a and b.

Schooling around the world

1   You've probably heard a million times that school is important. It is.
Education gives people power, knowledge and the skills to change the
world around them, making it so important that the United Nations says
it is a basic human right. Unfortunately, just because education is con-
5   sidered a human right, that doesn't mean every kid gets to go to school.
Some kids live in remote areas or in areas hit by natural disasters. Some
have special needs.

(1) Schooling today can't do without access to the world wide web,
which is indispensable when searching for information. But for stu-
10   dents who are unable to see, the Internet is a very different experience.
A computer screen and a mouse are not very practical for the blind,
because they can't see where to move the mouse or where to click on
the screen. The best way for blind people to use the Internet is a traditional browser in combination with an intelligent screen reader. It reads
15   not only the texts on the screen, it even reads out what the user types
in, letter for letter. When blind people log onto a website using screen
reader software, it can tell them what the headlines are and something
about the structure of the site. The tab key helps them to navigate from
heading to heading or from link to link. Touchscreen devices like apps
20   are good news for the blind, because they can use their fingers instead
of a mouse. They can tap anywhere on a screen and a voice will tell
them where they are. New technology has opened amazing possibilities for the blind. Now they can access the Internet on their own.

(2) One third of Bangladesh is flooded annually during the monsoon
25   season, but extreme floods cover up to two thirds. Due to floods, thousands of schools are forced to close and many children miss school
days. So the creative solution of floating schools came up to address
this issue. Instead of driving to school, a floating classroom comes to
the children's houses every day. The schools, of which the first one
30   was introduced in 2002, are designed by modifying traditional Bang-
ladeshi wooden boats. Weatherproof roofs can withstand heavy monsoon rains and are supported by arched metal beams. However, non-
traditional elements have been included, such as solar panels to power
computers on the boats. This eco-friendly idea is one of the reasons
35   why floating schools have been a great success.

(3) Whenever Inderjit Khurana took the train to work, she encountered
several poor children begging train passengers for money instead of
going to school. Khurana was a school teacher in India, and she was

2018-3

sure that these children needed help if they were going to have a future
40 at all. This led to the birth of the Train Platform School in 1985. Khurana began her project with just one school, but now more than 4,000 students are being educated around India through the programme. The schools cater to the needs of street children, child labourers, and children from poor families. The children gather between train stops to
45 learn to read and write, and they learn through the use of field trips, flashcards, songs, drama, music, and puppetry. They are allowed to leave the programme or resume whenever they choose.

(4) In the extreme north of Siberia in the Russian Federation, certain schools follow the reindeers' migration routes and make education ac-
50 cessible for the herder's children. Called nomadic schools, they educate children in their community and natural surroundings, far from population centres. The nomadic schools project aims to support ethnic groups striving to revive their traditional way of life and offers seven different models. In these schools parents tutor their own children in
55 combination with sessions in a mainstream school. The main characteristic of the nomadic school is the small number of pupils and the variety of subjects taught by one teacher. Several interconnected approaches are used to help the schools ensure adequate education, such as textbooks in the mother tongue of the indigenous people.

60 Many amazing people around the world aren't willing to sit back and let kids miss out on an education, they are answering the question by creating incredible schools like the ones mentioned above.

a) Find the paragraphs that match the following descriptions.
Write down one number per description. There is one more
paragraph than you need. (3 BE)

section

Quite a number of kids cannot go to school because of
extreme periodic weather conditions in their country. _____

Combining main-stream schooling and parents' tutoring
is a solution in remote areas. _____

Technological advancement enables students with special needs to participate equally in everyday life. _____

b) Complete the chart. Fill in the missing information according to the text. (7 BE)

reason for spe-cial schooling	adaptation to the specific problem	kind of school and place
not being able to see properly		
		floating school, Bangladesh
child poverty		
	schools follow the routes of the rein-deer	

2.2 Mediation (5 BE)

Your cousin has to give a report about the School of the Air. He has found this information on the Internet, but can't understand it properly. Read the text and answer his questions in German.

School of the Air

Our broadcast area is more than 1.3 million square kilometres, overlapping the borders of Queensland, South Australia and Western Australia.

The school is funded by the Northern Territory Department of Education. Parents pay a minimal resource fee per family on enrolment and may make a voluntary contribution per child each year for IT Resources.

Students are aged from three and-a-half (pre-school) up to 17 (Year 9).

Hi, hab da einen Artikel über „School of the Air" gefunden. (Link hier) Kannst du mir mit dem Englisch helfen? Was bedeutet das mit den 1,3 Millionen km²? 16.15

You: _____
_____
_____
_____

Danke. Und was müssen die Eltern bezahlen? 16.18

You: _____
_____
_____
_____

Classes tend to be small. They range from 8–15 students per class. The school is staffed with a teacher/student ratio of 1:3.

The number and length of the lessons depend on the year level. Younger students generally have 30-minute lessons while the older students have up to an hour. The minimum number of lessons per week is nine but some students can have as many as fifteen lessons per week including music, languages, art and PE.

Students spend five to six hours a day, five days a week, working on their lessons at home. The lessons are prepared by teachers at school and supervised by an adult in the child's home, most often the child's parents, usually their mother. Only 20 % of families currently employ a home tutor.

Ok. Brauch noch Infos zur Anzahl der Unterrichtsstunden und wie lange die Schüler zu Hause täglich arbeiten.   16.22

You: _____
_____
_____
_____

Letzte Frage, was bedeutet das mit den 20 %?   16.28

You: _____
_____
_____
_____

3 Writing   (40 BE)

3.1 Language components   (10 BE)

Mark the correct option in the chart below.

The 'Unschool'

Did you know that about 60,000 students in Canada and more than a million in the United States are home-schooled?

Have you ever dreamed about not (**1**) to school or telling your teacher what you want to learn?

That's what kids and families (**2**) around the world for ages.

It is a whole movement known (**3**) home-schooling.

Instead of going to (**4**) local school, the kids learn at home, in libraries and communities.

They follow a plan (**5**) they designed with parents or educators.

Erin and Jessica, two of those kids living in the US, spent time learning individual subjects, (**6**) they were younger.

In the end the two girls were (**7**) than prepared for school and life, their father said.

And Jessica added: 'Unschooling opened up so (**8**) possibilities to me.

I also went to a homeschool co-op (**9**) 'Star' and had different classes with other kids.'

But even if the two girls (**10**) tests or anything like that, they could reach their own goal and change to a public school for the rest of their school time.

---

(1)	☐ go	☐ goes	☐ going	☐ to go
(2)	☐ are doing	☐ did	☐ do	☐ have done
(3)	☐ about	☐ as	☐ like	☐ of
(4)	☐ her	☐ our	☐ their	☐ your
(5)	☐ which	☐ who	☐ whom	☐ whose
(6)	☐ how	☐ if	☐ when	☐ why
(7)	☐ any more	☐ more	☐ most	☐ mostly
(8)	☐ a lot	☐ lots of	☐ many	☐ much
(9)	☐ call	☐ called	☐ calls	☐ to call
(10)	☐ didn't have	☐ don't have	☐ can't have	☐ won't have

2018-7

3.2 Guided writing

(15 BE)

Think of the Open College as the college that comes to you. It is all about learning from a distance.

You want to take part in a summer course 2018. Do the online application. For point 1–6 write complete sentences.

Application Form – Open College – Summer Course 2018

Personal details

surname:	date of birth:
first name:	gender:
citizenship:	

(1 BE)

About your course

Which course are you applying for?

☐ Computing and IT   ☐ Language and Culture

☐ Health and Social Care   ☐ Business and Management

☐ Education

1 Please give reasons for your choice.

(2 BE)

2 What are your strongest subjects at school? Why?

(2 BE)

3 Please give information about any work experience you have had. (2 BE)

4 Please describe your personal strengths that could be relevant for your chosen course. (2 BE)

5 What interests and hobbies do you have? (2 BE)

6 What would you like to know about your course? (2 BE)

I certify that all information given by me in this application is my own work.

SUBMIT

Für das Niveau der sprachlichen Umsetzung können Sie max. 2 BE erhalten. (2 BE)

3.3 Creative writing   (15 BE)

Choose one topic and mark it. Write a text of about 180 words.
Count your words.

☐ a) **Learning for life**
Imagine you could choose between home-schooling with a private teacher or going to a state school.
Discuss pros and cons of each type of schooling.
Write a contribution for a discussion board.

☐ b) **Living a successful life**
People with special needs want to be successful in life too.
What can be done to give all students the same chances to achieve their goals?
Describe your experience in a blog.

☐ c) **Living a simple life**
We spend hours in front of computers and communicate more with modern technology than face to face. Can you imagine living like an Amish and doing without all that modern technology?
Write an essay for a youth magazine.

☐ d) **Reflecting on school time**
How did your school meet your needs and dreams? Think of timetable, teaching and learning methods, events, class and field trips, rules, …
Write an article for an online magazine.

Lösungsvorschlag

1   Listening

Transcript 1

1 **Reporter:** Welcome to today's show. With today's programme we are going to start our new series "Living and learning in our modern world".

We'll present you two interesting persons: Maria who is a teacher at an Amish school and Emma who has grown up as an Amish child. We are going to meet her

5 for an interview later in our programme.

We've searched for some information about Amish communities. Here we are: The Amish families live without things like e-mails, chat rooms, CDs and don't have to worry about borrowing the family car and several other things in fact.

They don't have cars, they use horses. They don't have television either, as well as

10 no electricity. They don't need it, because they don't have radios, computer or anything electrical at all. Amish people try to be as simple as possible. They don't want to be part of the modern world because it's too complicated and corrupt. They are united in their beliefs and the Bible is sacred for them and they follow it to the letter. They also have some additional unwritten rules.

15 The Amish live independently in their own community, they have their own schools which have only one or two classrooms for students of all ages. It is important that they stick in the Amish way of life. After school the boys usually learn agricultural skills, while the girls are polishing homemaking skills.

Transcript 2

1 **Reporter:** Here's what Maria, an Amish teacher, told us about an Amish school day – we recorded her part before our show today.

Maria: So at age six, Amish children start first grade. Our schoolhouse is a one-room schoolhouse and includes grades one through eight. We usually have about 30 to

5 35 students, and many of them are siblings and cousins. Usually the school is within walking distance of their home. Our students learn reading, writing, mathematics and moral standards like patience, cooperation and obedience. But they don't learn very much about the world outside.

So following the old traditions of one-room public schools, classes begin at 8:30 in

10 the morning and end at 3:30 in the afternoon. Our day is divided into 4 periods with recess and lunch in between.

Our day begins with bible reading (without comment), hymn singing, and reciting the Lord's Prayer. So how do I teach the students? I move around the room teaching individual grades while the other grades read or wait for their time with me. Some

15 of the students will use this time for doing things like cleaning the blackboard or bringing in firewood as well.

In this way, our children can learn patience, cooperation, and obedience. During lunch and recess, the children play games and get plenty of exercise. Softball is very popular. You will find a backstop and playing field at almost every Amish School.

20 At the end of the day, the children walk home.

2018-11

Transcript 3

1 **Reporter:** Now we are meeting Emma in her one-room apartment. She grew up in an Amish community in Missouri but now lives here in Harlingen, Texas.

Reporter: Hi Emma, nice to meet you.

Emma: Hi.

5 **Reporter:** First thing we want to know: Why is it that you are now living outside of the Amish community?

Emma: Well, you see the life that awaits most young women is one of cooking, cleaning and caring for the child – it just no longer appealed to me. I wanted education and the freedom to choose my own path.

10 **Reporter:** And how did you get out of the community?

Emma: I got the phone number of an ex-Amish woman who helped me with the escape. A fellow rebellious teenager had given me a cellphone which I kept hidden in my room until the right moment. One cold January day in 2006 I took my bonnet and went out of our small farmhouse. I left a small note for my parents saying sorry.

15 **Reporter:** Did you have any technology before you left?

Emma: If a radio is considered technology – I had a battery-operated one when I left. And it was a challenge operating the mobile but I made it. I had never talked to anybody on the phone before.

Reporter: Where did you get your first non-Amish outfit?

20 **Emma:** Some people donated clothes, which were too big for me, to start with. I didn't have much money at first so I tried to get cheap or second-hand clothes. I'm very happy now that I can wear what I like. You know, the Amish think fashion is vanity. Now I'm glad to cut my hair when I want and I am allowed to wear make-up.

Reporter: Are there any more people like you that are leaving the Amish today?

25 **Emma:** Yes there are. I don't know why exactly. I can just say what I think it is: Some people want a different lifestyle. Maybe not leave the Amish, but they want more. There are people who say, "No, you can't do that, that's wrong," and then they avoid them. Ultimately it's the bishop that has the say-so. So some of the people just give up and leave. They have the choice to stay where they are or go somewhere

30 where there are less rules and more freedom.

Reporter: Freedom to do what?

Emma: Freedom to get more education, freedom to be able to go to work outside the community, to be able to drive to work instead of using a horse and a buggy. Things like that. And – they definitely want a more liberal church.

35 **Reporter:** When was the last time you talked to your family?

Emma: At the end of May, last year. When I meet my parents I still have to wear Amish clothes, my brothers don't care. But I'm allowed to visit all of them and that's fine.

Reporter: What are the things you enjoy most about your new life?

Emma: I really enjoy the ability to share my faith, my happiness or whatever to others,

40 and not feel like I can't do that. The Amish don't share anything about themselves or how they feel. I'm very happy today, and I don't feel grumpy.

Reporter: OK, thank you very much for taking the time to be interviewed. And now back to the studio.

*Hinweis: Höre bei den Listening-Aufgaben genau zu und versuche, die richtige
Lösung zu finden, ohne im Transkript nachzulesen. Wenn du Schwierigkeiten hast,
die richtige Lösung nachzuvollziehen, kannst du die entsprechende Stelle in den
angegebenen Zeilen im Transkript nachlesen. Am besten hörst du die Stelle, um
die es geht, auch noch einmal an und liest im Transkript mit.*

a)

✓ using horses	☐ writing e-mails
✓ having some unwritten rules	
	✓ believing in the Bible
☐ being corrupt	✓ having their own schools
☐ living the American way of life	
✓ living in their community	☐ using electricity

b) 1. learn together in the lessons. (ll. 4/5)

2. writing and mathematics. (ll. 6–8)

3. reading the Bible and singing. (l. 12)

4. to be patient and cooperative. (l. 17)

c) 1. "And it was a challenge operating the mobile but I made it" (l. 17)

2. "Some people donated clothes […] I tried to get cheap or second-hand
clothes. I'm very happy now that I can wear what I like". (ll. 20–22)

3. "So some of the people just give up and leave. They have the choice to
stay where they are or go somewhere where there are less rules and more
freedom". (ll. 28–30)

2   Reading

2.1 Comprehension

a)

	section
Quite a number of kids cannot go to school because of extreme periodic weather conditions in their country.	2
Combining main-stream schooling and parents' tutoring is a solution in remote areas.	4
Technological advancement enables students with special needs to participate equally in everyday life.	1

2018-13

b)

reason for special schooling	adaptation to the specific problem	kind of school and place
not being able to see properly	traditional browser and intelligent screen reader (ll. 13/14)	
(schools close because of) extreme floods during the monsoon season (ll. 24-26)	(floating) schools come to the children's houses (ll. 27-29)	floating school, Bangladesh
child poverty	children gather between train stops (to learn) (ll. 44/45)	Train Platform School, India (ll. 38-40)
ethnic groups living a traditional way of life (ll. 52/53)/ herders' children move around (ll. 48-50)	schools follow the routes of the reindeer	nomadic schools (l. 50), Siberia/Russian Federation (l. 48)

2.2 Mediation

Hinweis: Hier musst du einem englischen Text die wesentlichen Informationen entnehmen und diese auf Deutsch wiedergeben. Es geht um einen Informationstext im Internet zur „School of the Air". Achte darauf, nur die Fragen deines Cousins zu beantworten und zusätzliche Informationen, die für ihn nicht relevant sind, wegzulassen.

He: *Hi, hab da einen Artikel über „School of the Air" gefunden (Link hier). Kannst du mir mit dem Englisch helfen? Was bedeutet das mit den 1,3 Millionen km²?*

You: Die Angabe 1,3 Millionen km² bezieht sich auf die Größe des Gebiets, in dem „School of the Air" sendet.

He: *Danke. Und was müssen die Eltern bezahlen?*

You: Sie müssen nur eine geringe Einschreibegebühr pro Familie zahlen. Außerdem können sie noch einen freiwilligen Betrag pro Kind für IT-Mittel zahlen.

2018-14

He: *Ok. Brauch noch Infos zur Anzahl der Unterrichtsstunden und wie lange die Schüler zu Hause täglich arbeiten.*

You: Das kommt auf das Alter der Schüler*innen an und in welcher Klasse sie sind. Sie haben mindestens 9 und bis zu 15 Stunden in der Woche Unterricht, wobei eine Unterrichtsstunde für die Jüngeren normalerweise 30 Minuten dauert, für die Älteren bis zu 60 Minuten. Die Kinder und Jugendlichen arbeiten an 5 Tagen in der Woche 5–6 Stunden zu Hause.

He: *Letzte Frage, was bedeutet das mit den 20 %?*

You: Nur 20 % der Eltern stellen einen Privatlehrer ein.

3   Writing

3.1   Language components

(1)	☐ go	☐ goes	✓ going	☐ to go
(2)	☐ are doing	☐ did	☐ do	✓ have done
(3)	☐ about	✓ as	☐ like	☐ of
(4)	☐ her	☐ our	✓ their	☐ your
(5)	✓ which	☐ who	☐ whom	☐ whose
(6)	☐ how	☐ if	✓ when	☐ why
(7)	☐ any more	✓ more	☐ most	☐ mostly
(8)	☐ a lot	☐ lots of	✓ many	☐ much
(9)	☐ call	✓ called	☐ calls	☐ to call
(10)	✓ didn't have	☐ don't have	☐ can't have	☐ won't have

Erklärungen zu den Lösungen:

(1) Going *ist die korrekte Lösung, da das Wort* about *(„von/über") mit Gerundium steht.*

(2) *Die Aussage enthält das Signalwort* for *(for ages, „seit langer Zeit"). Somit ist ein Verb im Present Perfect erforderlich und* have done *ist die richtige Lösung.*

(3) *Hier ist die Übersetzung von „bekannt als" gesucht, und die entsprechende feste Wendung im Englischen lautet* known as.

(4) *Hier muss der Possessivbegleiter* their *eingesetzt werden, da sich die Aussage auf* kids *(3. Person Plural) bezieht.* her *heißt zwar auch „ihr" und ist 3. Person, wird aber bei einer einzelnen weiblichen Person, also im Singular, verwendet.*

(5) *Es muss das Relativpronomen gewählt werden, das sich auf* plan *bezieht („der Plan, der"). Die korrekte Lösung ist* which: who *und* whom *beziehen sich auf Personen,* whose *als Übersetzung von „dessen/deren" passt grammatikalisch nicht in den Satz.*

(6) *Hier muss ein Wort ergänzt werden, das einen zeitlichen Bezug herstellt: „als sie jünger waren". Somit ist* when *einzusetzen. Die anderen Möglichkeiten entfallen, da sie inhaltlich nicht passen:* how *bedeutet „wie",* if *„ob,* falls" *und* why *„warum".*

(7) *In diesem Satz ist die Entsprechung zu „mehr als vorbereitet" im Sinne von „sehr sehr gut vorbereitet" gesucht. Es wird ein Vergleich angestellt: Durch das vorgegebene Wort* than *wird ein Komparativ (1. Steigerungsform) erwartet. Da* more *als einziges der zur Auswahl stehenden Wörter in der 1. Steigerungsform steht, ist es die richtige Lösung.*

(8) *In einem Satz mit* so *sind nur* many *und* much *möglich.* Much *ist hier aber falsch, da es sich immer auf Substantive bezieht, die man nicht zählen kann (z. B.* happiness, love*). Hier geht es aber um das Substantiv* possibilities, *das zählbar ist, daher lässt sich diese Aussage nur durch* many *ergänzen.*

(9) *In dieser Aussage wird eine Partizipialkonstruktion erwartet, die eine verkürzte Version des Relativsatzes* which was called *ist. Deshalb ist die richtige Lösung* called.

(10) *Aus dem Textzusammenhang und dadurch, dass das zweite Verb* (could), *in der Vergangenheit steht, kannst du erkennen, dass hier ein Verb in der Vergangenheit eingefügt werden muss. Deshalb ist* didn't have *als einzige Vergangenheitsform die richtige Lösung.*

3.2 Guided writing

Hinweis: Diese Aufgabe heißt „Guided Writing" („Gelenktes Schreiben"), weil die Struktur und die grobe inhaltliche Richtung deiner Antwort bereits vorgegeben sind. So wirst du durch das Ausfüllen des Online-Formulars „gelenkt". Achte darauf, am Anfang des Formulars alles auszufüllen bzw. anzukreuzen. Bei den Fragen 1–6 musst du in ganzen Sätzen antworten und jeweils etwa zwei Aspekte erwähnen, da es 2 Punkte pro Frage gibt. Versuche, das Formular so auszufüllen, wie du es auch machen würdest, wenn du dich wirklich für einen Sommerkurs bewerben würdest, also möglichst plausible Antworten zu geben.

Application Form – Open College – Summer Course 2018	
Personal details	
surname: *Mustermann*	date of birth: *01/01/2002*
first name: *Max*	gender: *male*
citizenship: *German*	

About your course

Which course are you applying for?

☐ Computing and IT	☑ Language and Culture
☐ Health and Social Care	☐ Business and Management
☐ Education	

1 Please give reasons for your choice.

I would like to improve my English, but I can't leave my home because I care for my sick mother.

2 What are your strongest subjects at school? Why?

My strongest subjects are Maths and Geography. They are easy and very interesting and I like them.

3 Please give information about any work experience you have had.

In the 9th grade I worked at a hospital in Dresden for a week. I helped on a children's ward.

4 Please describe your personal strengths that could be relevant for your chosen course.

I'm open-minded about languages and different cultures. I can work hard and concentrate on the important parts of a job.

5 What interests and hobbies do you have?

I'm interested in football and I play in a team. I also like reading books about life in other countries.

6 What would you like to know about your course?

I'd like to know when the course will start and if I have to pay anything.

I certify that all information given by me in this application is my own work.   **SUBMIT**

2018-17

3.3 Creative writing

Hinweis: Beim kreativen Schreiben darfst du aus vier Themen eines auswählen. Lies dir zuerst alle vier Themen genau durch und überlege, zu welchem dir am meisten einfällt und welche Textsorte dir gut liegt. Wenn du dich für ein Thema entschieden hast, verfasse ein Konzept; das hilft dir, deinen Text sinnvoll zu strukturieren. Auch die geforderte Textsorte gibt dir einen gewissen Rahmen vor: Ein Artikel beispielsweise sollte eine Überschrift, Einleitung, Hauptteil und Schluss haben und Argumente überzeugend darstellen, in einem Diskussionsbeitrag solltest du beide Seiten (Pro und Kontra) erwähnen, dir aber eine eigene Meinung bilden und diese auch zum Ausdruck bringen. Ein Essay hat einen etwas weniger strengen Aufbau als ein Artikel, sollte aber auch Einleitung, Hauptteil und Schluss enthalten. Für einen Blog gilt, wie für die anderen Texte auch, dass dein Text nach bestimmten, klar erkennbaren inhaltlichen Hauptpunkten gegliedert sein sollte. Dabei hilft dir die Aufgabenstellung (z. B. sollst du hier beschreiben, wie man allen Schüler*innen dieselben Chancen bieten kann, und dabei deine eigene Erfahrung einbringen). Dein Text soll ungefähr 180 Wörter umfassen. Die folgenden Texte sind etwas länger, um dir mehr Anregungen zu geben. Natürlich ist es auch vollkommen in Ordnung, wenn du in deinem Text eine andere Meinung vertrittst als hier in den Lösungsvorschlägen.

a) Learning for life

Home-schooling with a private teacher or going to a state school? That is an interesting question and there are pros and cons for both.

First of all, there are some advantages of home-schooling. Learning with a private teacher means that you needn't leave the house – the teacher comes to you. You can ask as much as you want to and the teacher concentrates only on you. Moreover, there is usually enough fresh air in the room and it is always quiet around you, whereas at a state school, there may be students who disturb the lessons or bully others.

On the other hand, state schools have many advantages, too. You can talk to your classmates and laugh and play tricks on the teacher together. You can learn together with your classmates and get help from your friends. That can be good because one teacher isn't always able to help everyone in the class. Moreover, you can also do something about too little fresh air and disruption and bullying at school: Open the windows as often as possible and stand up against the bullies together with your classmates.

All in all, I think that learning together with nice classmates and motivated teachers at a state school would be my preferred alternative. *(210 words)*

b) **Living a successful life**

Sandra's blog *Wednesday, 17th October 2018, 4:38 p.m.*

Many students complain about being treated unfairly at school when they get bad grades. But there are also people with special needs who often have greater problems because they do not have the same chances.

When I was in Year 8, we got a new boy in class. Our class teacher introduced him to us and wanted us to welcome him. Ben looked shy and I could see that he was very nervous. He was obviously different from us: he had problems with his right hand and his right leg. When he spoke, he did it slowly, so we and the teachers had to listen very carefully to understand what he said.

He sat next to me and so we got to know each other better in a short period of time. Soon I realized how clever and funny he was. But at the beginning of Year 8, he didn't get along with a lot of our classmates and he had problems with most written tasks because he couldn't finish them in time. He was disappointed and frustrated with the situation. He obviously needed help to succeed at school. So Ben got more time to do his work; that was our teachers' way of giving him the same chances we had. He was very committed to his work and got better and better. As a consequence, he became more confident and speaking was easier for him, so the other students got to know him better, too.

Today, Ben still sits next to me in class. We will soon be leaving school and Ben is on his way to getting good qualifications.

What I would like to say in the end is that we all should get the chance to show our strengths and to succeed in life. To give every student the same chances, we need to accept and respect them, have no prejudices and give them what they need to be successful, such as more time in Ben's case.

As always, I'm looking forward to your comments. *(338 words)*

c) **Living a simple life**

We live in a modern world with lots of technology. However, there are still some people who live without any modern technology, like the Amish. They do not use the internet, washing machines or cars. Maybe some people think it's romantic to use horses for travelling. But how long would it take if you wanted to visit another town or even another country? I couldn't imagine living like the Amish.

I want to know what happens around town and in the world. I am curious about the world and never want to stop learning. I know from my grandparents that learning is a never-ending process. But how can I get information without internet, television, radio and telephone? I could read the newspaper, but it only gives me an update once a day. It is a lot faster and easier to access information via the internet. Therefore, for learning, modern technology is extremely helpful because you can find and store a lot of information online and quickly find different articles about the same topic to form your own opinion, for example.

Life on earth is changing continuously and for me, modern technology is an important part of life in the 21st century, so I couldn't imagine living like the Amish at all. *(211 words)*

d) **Reflecting on school time**

In a few days, my time at my school here in Leipzig will be over. When I look back, it makes me happy to think about most of that time. I liked being together with my friends and learning things in class in a good atmosphere. We all had a lot of fun together, but we also had to work a lot to be successful.

We had to do many different projects in the last two or three years where we had the chance to show what special interests or abilities we had. I discovered that I am good at organizing and that I like to work with a partner or in a team. I often had the chance to do that at school in projects or group work.

In class, we had good conditions for learning. Sometimes the teachers were very strict, I think, but in the end it worked because they didn't only care about rules and discipline, they also had a sense of humor and good ideas: they organized sports events, such as competitions in football and volleyball, and concerts with our school orchestra. I participated in the football group and liked it a lot because being outside is a perfect addition to lessons where you have to sit inside. We also had two excursions each school year, which I liked very much. Once we even went to London.

And that is what I hope for all of you who are still at school: be satisfied and realize that you can achieve a lot, use all opportunities you get, and then you will have very good memories of your time at school. *(275 words)*

Realschulabschluss Englisch (Sachsen)	
Abschlussprüfung 2019	

1   Listening   (15 BE)

Libraries

You will listen to a conversation in a library, a report about a competition and an interview.

There are 3 parts. You will hear each text twice.

a) **New at a library**

   Listen to a conversation in a library. Decide whether the
   statements are true or false.   true   false   (5 BE)

   1. The visitor wants to look for material about Picasso
      first.   ☐   ☐

   2. There are several computer terminals on each floor.   ☐   ☐

   3. You need a password to log in to the computers.   ☐   ☐

   4. There are numbers that guide you through the process.   ☐   ☐

   5. You have to fill out a library card to check out mate-
      rial.   ☐   ☐

b) **Telephone box competition**

   Listen to a report about a competition.

   Complete the sentences with 1 to 5 words or numbers.   (5 BE)

   1. British Telecom held a competition for

      _____ of telephone boxes.

   2. In one village there were ideas for changing it into

      • _____ or

      • _____

   3. The final decision was to use it as a

      _____.

   4. The village got _____ for its idea.   © QQ7.Shutterstock

2019-1

c) **Books on the move**
Listen to an interview. Mark the correct option.   (5 BE)

1. Jessica Moran drives a vehicle which …
   ☐ takes children and older people to the nearest city library.
   ☐ is a rolling library for citizens in the state of Oregon.
   ☐ is a kind of digitalized library in the size of an average car.

2. Jessica Moran …
   ☐ brings picture disks and board books home for her children.
   ☐ prepares her children for the day before she starts working.
   ☐ takes her two little children on her tours every day.

3. The bus has special equipment …
   ☐ so that it can keep all the material in the shelves while driving.
   ☐ so that you can make short turns like a normal car.
   ☐ so that you have special departments for seniors and children.

4. Today's tour …
   ☐ is a trip of about 150 miles.
   ☐ is a rather short trip.
   ☐ has got only five stops.

5. Jessica Moran …
   ☐ reads stories to the children in the school cafeteria.
   ☐ takes books to children and teachers in the classroom.
   ☐ reads something out to the children inside the book-mobile.

2 Reading

(15 BE)

2.1 Comprehension

Read the texts. Then do tasks a, b and c.

Do we still need libraries?

To some people, libraries are a thing of the past – shelves filled with old books guarded by stern librarians who have a "Shhh!" for every visitor. But in the UK, new libraries in Birmingham, Manchester, Norwich and London show how they can be a vital part of the information age.

Books are just one part of it. Free internet access is available for school homework, job hunting, information about benefits or business. Library assistants offer skills and advice. Cafés serve refreshments. Talks, meetings, events and activities are all part of the service. Open to all libraries are community hubs. No wonder that recent cuts have generated so much opposition. According to National Literacy Trust, children who go to a library are twice as likely to read well as those who don't. Research shows the importance of social interaction in reading and talking about books. To close libraries would be cultural vandalism.

Nevertheless, since 2011, some 340 libraries have closed across the UK, 6,000 library staff have lost their jobs and 400 libraries are now run by volunteers. With local government funding being slashed, library services are an easy target – especially when books and archives are being replaced by e-books and the internet.

With visits to Britain's libraries falling by 14 per cent in the past five years, it could appear that libraries are an outdated, middle-class luxury needed less than ever before. But campaigns argue that library closures and reduced opening hours inevitably lead to fewer visits. And most library users are not wealthy: a recent report shows that, in England, although a third of the population uses a library, in poorer areas, this figure rises to half.

In addition, more than 20 per cent of the UK population still has no internet access at home. Closing libraries damages the lives of those least able to afford it.

Libraries are safe spaces, offering job clubs, skills exchanges, digital literacy and fluency. They provide social interaction and networking opportunities for those living in isolation. The number of volunteers working in libraries has doubled since 2009 –10. Is it right to rely on them to run such a precious resource? Many libraries need to be modernized, to have better-trained staff, Wi-Fi in every location, to offer cafés, perhaps, and to serve the needs of the local community. But is the government willing to pay for changes?

2019-3

Norfolk & Norwich Millennium Library

1   Having suffered the loss of their library through fire in 1994, Norfolk
      County Council created a bigger and better public space in its place.
      The Forum, a vast glass-fronted building, is home to the new Norfolk &
      Norwich Millennium Library (NML), which since its opening in 2001 has
5   gone on to become the most visited library in the country, several years
      running.
      Set over three floors and with an incredible amount of natural light, it
      billed itself as "Britain's most advanced library" when it opened and cur-
      rently offers a number of services to its 2.5 million visitors every year.
10   One of the NML's big attractions is its Heritage Centre, which houses
      over 60,000 items relating to life in Norfolk, with 8,000 of them having
      been painstakingly restored after the fire.
      As well as tens of thousands of books in the library, the NML also holds
      regular events with the aim of engaging the local community, including
15   board-games afternoons and expert-advice sessions – a winning for-
      mula for a library that continues to buck the trend for declining use.

a) Finish the sentences according to the text. Mark the correct option. (3 BE)

  1. Nowadays libraries in Britain prove that they …

     ☐ are a thing of the past.

     ☐ can be a part of modern life.

     ☐ don't need much money.

  2. Children who go to a library …

     ☐ develop reading and social skills.

     ☐ develop willingness to do volunteer work.

     ☐ develop a dislike for cultural vandalism.

  3. Libraries need …

     ☐ bigger buildings, more staff and longer opening times.

     ☐ modernized rooms, highly-qualified librarians and Wi-Fi everywhere.

     ☐ more facilities and better working conditions for the volunteers.

b) Find the numbers for the descriptions in the text. Write them behind the description. (4 BE)

  1. number of libraries shut down in the last few years   _____

  2. number of libraries which people manage for free   _____

  3. amount of library users of England's population   _____

  4. amount of people without internet access at home   _____

c) Complete the flyer of the library with facts from the text.   (3 BE)

**Norfolk & Norwich Millennium Library –
interesting facts**

1994 – library burnt down
2001 – _____

Number of floors – three
2.5 million visitors every year

Heritage Centre
- _____ items relating to life in Norfolk
- _____ items restored after the fire

Regular events
- _____
- _____

2.2 Mediation   (5 BE)

Read the text below. Write down in German what "Sound Archive" is
(2 BE) and name the major aims of the Save our Sounds programme
(3 BE).

Save our Sounds

1   The British Library is home to the nation's Sound Archive, an extraordi-
    nary collection of over 6.5 million recordings of speech, music, wildlife
    and the environment, from the 1880s to the present day. Global archival
    consensus is that we have approximately 15 years in which to save our
5   sound collections by digitising them before they become unreadable
    and are effectively lost.

    The Save our Sounds programme has three major aims:
    – to preserve as much as possible of the nation's rare and unique
      sound recordings, not just those in our collections but also key
10   items from partner collections across the UK
    – to establish a national radio archive that will collect, protect and
      share a substantial part of the UK's radio output, working with the
      radio industry and other partners
    – to invest in new technology to enable us to receive music in digital
15   formats, working with music labels and industry partners to ensure
      their long-term preservation

2019-5

3   Writing   (40 BE)

3.1 Language components   (10 BE)

Mark the correct option in the chart below.

After You – Jojo Moyes

Jojo Moyes is a well-known British author of romantic novels.

Since she gave up full-time journalism in 2002, she has sold more **(1)** nine million books.

Her recent work, "After You", is the second part **(2)** the bestseller "Me before you".

Don't be put off by the word "romantic". Jojo Moyes writes love **(3)** for the 21st century: gritty, moving, and sometimes painful tales, where you are never **(4)** sure that there will be a happy ending.

So it is for the heroine of "After You". Lou Clark is a young woman **(5)** works in an airport bar.

She lives in an almost empty apartment and is not speaking to **(6)** family.

Once **(7)** out over the city, she is **(8)** by a voice behind her.

Turning to **(9)** at the stranger, Lou falls from the roof.

When she comes round, she finds that she **(10)** the ground in more than just a physical sense.

It is time to examine her past and, perhaps, finally move on.

---

(1)	☐ as	☐ like	☐ than	☐ Then
(2)	☐ from	☐ of	☐ on	☐ To
(3)	☐ stories	☐ stories'	☐ story	☐ story's
(4)	☐ quiet	☐ quietly	☐ quite	☐ Quit
(5)	☐ which	☐ who	☐ whom	☐ Whose
(6)	☐ her	☐ his	☐ our	☐ Their
(7)	☐ stare	☐ stared	☐ staring	☐ Stares
(8)	☐ fright	☐ frightened	☐ frightening	☐ Frights
(9)	☐ look	☐ looked	☐ looking	☐ Looks
(10)	☐ has hit	☐ hits	☐ will have hit	☐ will hit

3.2 Guided writing (15 BE)

The Summer Library Challenge – Take part – It's free

The Summer Library Challenge takes place every year during the summer holidays. Give your best and write a recommendation of a book, film or series.
Use the ideas below.

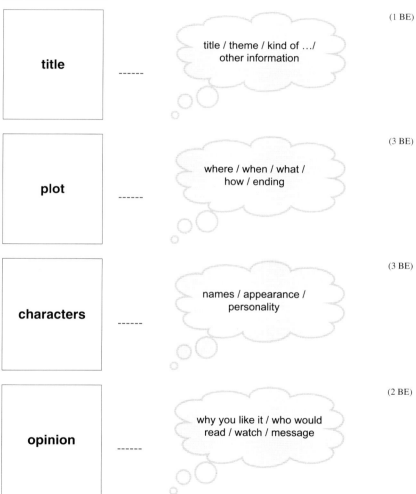

(1 BE) **title** – title / theme / kind of … / other information

(3 BE) **plot** – where / when / what / how / ending

(3 BE) **characters** – names / appearance / personality

(2 BE) **opinion** – why you like it / who would read / watch / message

Für die Qualität der sprachlichen Umsetzung können Sie max. 6 BE erhalten. (6 BE)

3.3 Creative writing (15 BE)

Choose one topic and mark it. Write a text of about 180 words.
Count your words.

- [ ] a) **A day to remember**
  There are days that are unforgettable or that even changed something in your life. Think about such a day, describe it and in what way it was so memorable or made you change something.
  Write an entry for an online blog.

- [ ] b) **The world through the eyes of ...**
  Imagine you are an old telephone box. Introduce and describe yourself, your purpose in life, your experience, your likes and hates.
  Write about your 'life' for an online competition.

- [ ] c) **Community hubs for teenagers**
  Libraries are community hubs. What other location can you imagine being a place for young people where they can be among themselves?
  Write a letter to an international sponsor. Describe your ideas and convince them to support you with money.

- [ ] d) **The Media and me**
  Media are a standard part of our lives. Think of good and bad experiences you have gained with them. When do the media enrich your life and why?
  Write an article for the magazine "Youth and Media".

Lösungsvorschlag

1 Listening

Transcript 1

1 **User:** Hello, I'm looking to sign up for a library card and find some materials on Pablo Picasso.
Librarian: I can help you with that. Which would you like to do first?
User: Erm, I'd like to start with Picasso.
5 **Librarian:** That's a good idea. Let me show you how our system works.
User: Thank you.
Librarian: Each floor of the library has about six computer terminals. Use these to find books and other materials.
User: Erm, do I need a password?
10 **Librarian:** No, the terminals are free for everyone to use. No password is required. Type the name of Picasso in the search bar and click 'enter'.

User: OK, erm, there's quite a bit of search results for Picasso.

Librarian: Yes, as you can see, we have art books, reference books, DVDs, all related to Picasso.

15 **User:** So, how do I find what I need?

Librarian: See the numbers under the title? These numbers help you locate the exact area Picasso materials are located. These same numbers are located at the front of each shelving row. Find the row and follow the numbers.

User: I see. So, in row 300, I'll find the Picasso materials?

20 **Librarian:** Yes, that's right. Everything is numbered and all the numbers run in sequence. Row 300 is just to your left.

User: Great. I'll browse what's available.

Librarian: When you find the materials you'd like to check out, bring them to the front and I'll show you how to fill out your library card.

25 **User:** Thanks for your help. I will.

Librarian: Feel free to ask if you have any more questions.

Transcript 2

1 **Presenter:** There are lots of examples about how people can enjoy reading. I've heard an example from Great Britain: the old phone box. As phone boxes are no longer used, a village near Wells could buy it for £ 1. The box looked empty. It looked a little bit sad and desolate. When people found out that British Telecom were holding 5 a national competition for creative uses of the phone boxes, it gave them the motivation to search out ideas as to what could be done to change the empty box. The only condition was it had to be useful to the community. One resident we spoke to, Bob, said: "Someone had the idea of changing the phone box into a shower, but that was felt to be a little bit too public. It could have been used as an information point 10 with a map of the village, and the other thought was to convert it into a greenhouse. But then, one of my neighbours had a brilliant idea." Another resident, Janet Fisher, said: "At the tea party, we were all thinking what might happen to the phone box, and I just had the idea that it could be a book exchange. We used to have a mobile library here, which called once a week on a Monday. But that disappeared a few 15 months ago, so it was missed. As we're all readers around here, we were really pleased that the old phone box became our new library." By the way, the village won £ 500 in the competition for original use of a phone box.

Transcript 3

1 **Reporter:** Hi there. We're sitting in a bus today. Next to me is our bus driver, Jessica Moran. However, this is not a normal bus. It's a bookmobile. A bus full of books for every kind of person. Jessica works for the Tillamook County Library, as the bookmobile driver in the state of Oregon. So, the library comes to the people in the 5 state of Oregon. Jessica, I would have never thought that people have such an amazing job in our digital age.

Jessica: Well, we live in the country. Our bookmobile, it's very important to these local communities. Some people, they just can't make it to the nearest city library. And,

2019-9

driving the bookmobile is probably one of the best jobs anyone could ask for. The
10   patrons are always so happy to see me.
Reporter: Great. Well, tell me a little bit about yourself.
Jessica: Sure. I'm married, I have a daughter and she's seven, and my son, he's eight.
I start working about 8.30 a.m., after getting my kids ready for their day. There's
no daily routine that I follow. Every day's different, so I have to plan a new schedule
15   each and every day.
Reporter: OK, yeah, I understand. This bookmobile is really special. Can you describe
the bookmobile to us?
Jessica: Sure. Our bookmobile is 27 feet long. It's made for carrying books. It has
shelves on both sides of the bus. The shelves are made special, too. They're made
20   so the books cannot fall out while driving. Inside, we have 3,000 books, DVDs and
audiobooks. And for the younger kids, we have picture books and board books.
Reporter: OK, great. Er, what are the routes like? Do you have to drive very far?
Jessica: My longest route is on Wednesday. It's roughly 150 miles. Today's tour is my
Thursday route. It's much shorter. It's only 50 miles round trip. And most of the
25   stops are within 5 miles of each other.
Reporter: OK, great. So where are we stopping today?
Jessica: Our first stop today is a centre for children who are from low income families
and who need a little extra help. So, I go into the classroom and I bring the 15 or so
students on to the bus and then I read them a couple of short stories, they get to pick
30   out some books and then they go back into the classroom.
Reporter: OK, great. Well, then, let's get started.

Hinweis: Höre bei den Listening-Aufgaben genau zu und versuche, die richtigen
Lösungen innerhalb der zwei Hördurchgänge herauszufinden. Wenn du Schwie-
rigkeiten hast, die richtige Lösung nachzuvollziehen, kannst du die entsprechende
Stelle noch einmal anhören. Am besten liest du dabei im Transkript mit.

a) 1. **true** (ll. 1–4)

2. **true** (l. 7)

3. **false** (ll. 9/10)

4. **true** (ll. 16–18)

5. **true** (ll. 23/24)

b) 1. British Telecom held a competition for **creative use(s)** of telephone
boxes. (ll. 4/5)

2. In one village there were ideas for changing it into **a shower/an information point (with a map of the village)/a greenhouse.** (ll. 8–10)

3. The final decision was to use it as a **book exchange/library**. (ll. 13–16)

4. The village got **£ 500** for its idea. (ll. 16/17)

2019-10

c) 1. is a rolling library for citizens in the state of Oregon. (ll. 4/5)
   2. prepares her children for the day before she starts working. (l. 13)
   3. so that it can keep all the material in the shelves while driving. (ll. 19/20)
   4. is a rather short trip. (ll. 23/24)
   5. reads something out to the children inside the bookmobile. (ll. 28/29)

2 Reading

2.1 Comprehension

a) 1. can be a part of modern life. (ll. 3/4)
   2. develop reading and social skills. (ll. 10–13)
   3. modernized rooms, highly-qualified librarians and Wi-Fi everywhere. (ll. 33/34)

b) 1. (some) 340 (l. 14)
   2. 400 (ll. 15/16)
   3. 1/3 (one third) (ll. 23/24)
   4. more than 20 % / > 20 % (ll. 26/27)

c)

1994 – library burnt down
2001 – **(re)opening (of the new library)** (ll. 3/4)

Number of floors – three
2.5 million visitors every year

Heritage Centre
• **60,000** items relating to life in Norfolk (l. 11)
• **8,000** items restored after the fire (ll. 11/12)

Regular events
• **board-games afternoons** (l. 15)
• **expert-advice sessions** (l. 15)

2.2 Mediation

Hinweis: Lies die Aufgabenstellung genau: Du sollst aufschreiben, was man unter dem „Sound Archive" versteht und welche Ziele mit dem „Save our Sounds"-Programm verfolgt werden.

Dieses Tonarchiv ist eine Sammlung von über 6,5 Millionen Tonaufnahmen (Sprache, Musik, Natur u. a.) von etwa 1880 bis heute. Es bleiben noch ca. 15 Jahre Zeit, um diese Aufnahmen zu digitalisieren, bevor man sie nicht mehr anhören kann und sie verloren gehen.

Die wichtigsten Ziele des „Save our Sounds"-Programms sind:

- Bewahrung möglichst vieler seltener Aufnahmen aus dem gesamten Vereinigten Königreich
- Einrichtung eines nationalen Radioarchives, das Radioproduktionen sammelt, schützt und mit anderen teilt
- Investitionen in neue Technologien, die es ermöglichen, Musik in digitaler Form langfristig zu bewahren.

3 Writing

3.1 Language components

(1)	☐ as	☐ like	☑ than	☐ Then
(2)	☐ from	☑ of	☐ on	☐ To
(3)	☑ stories	☐ stories'	☐ story	☐ story's
(4)	☐ quiet	☐ quietly	☑ quite	☐ Quit
(5)	☐ which	☑ who	☐ whom	☐ Whose
(6)	☑ her	☐ his	☐ our	☐ Their
(7)	☐ stare	☐ stared	☑ staring	☐ Stares
(8)	☐ fright	☑ frightened	☐ frightening	☐ Frights
(9)	☑ look	☐ looked	☐ looking	☐ Looks
(10)	☑ has hit	☐ hits	☐ will have hit	☐ will hit

Erklärungen zu den Lösungen:

(1) Bei Vergleichen im Komparativ (1. Steigerungsform) wird than *verwendet (*more than *nine million = „*mehr als *9 Millionen"). Die anderen Möglichkeiten können ausgeschlossen werden:* as *drückt Gleichheit aus,* like *bedeutet „wie" und* then *„dann".*

(2) Hier wird der Genitiv benötigt („der zweite Teil des Bestsellers"), *der bei Sachen mit* of *gebildet wird.*

(3) stories *ist richtig, da der Plural von* story *gesucht ist.* stories' *ist zwar auch Plural, aber Genitiv („der Geschichten") und* story *und* story's *sind Singularformen.*

(4) *Die korrekte Lösung ist* quite sure *(„ziemlich sicher"). Das Adjektiv* quiet *und das Adverb* quietly *bedeuten „leise" und* to quit *ist ein Verb, das „aufhören, kündigen" bedeutet.*

(5) *Es wird das Relativpronomen gesucht, das sich auf* woman *bezieht („eine junge Frau, <u>die</u>");* which *bezieht sich auf Gegenstände,* whom *ist die Objektform des Relativpronomens („dem/der") und* whose *ist ein besitzanzeigendes Relativpronomen („dessen/deren"). Somit bleibt nur* who *als richtige Lösung übrig.*

(6) *Da sich die Aussage auf die junge Frau Lou bezieht, muss der Possessivbegleiter* her *eingesetzt werden. Der Begleiter* his *bezieht sich auf eine männliche Person,* our *(unsere) und* their *(ihre) auf mehrere Personen.*

(7) *Da das aus dem Fenster schauen und das Hören der Stimme gleichzeitig stattfinden, wird das Simple Present benötigt. Die Form* staring *als einzige Simple Present-Form ist also die richtige Lösung.*

(8) *Hier muss ein Past Participle stehen (wörtlich „sie wird erschreckt"). Es handelt sich um die Passivform* is frightened, *die sich aus einer Form von* to be (is) *und dem Past Participle* frightened *zusammensetzt. Das Present Participle* frightening *bedeutet „erschreckend, furchteinflößend" und die anderen beiden Möglichkeiten sind Nomen.*

(9) *Hier ist der Infinitiv einzusetzen, daher kann nur* look *richtig sein. Das Wort* looked *ist Simple Past,* looking *Present Participle und* looks *entweder Simple Present (3. Person Singular) oder das Nomen für „Aussehen, Blicke".*

(10) *Die Present Perfect-Form* has hit *muss eingesetzt werden, da die Folgen des Sturzes in die Gegenwart hineinreichen.*

3.2 Guided writing

Hinweis: Du sollst eine Empfehlung für ein Buch, einen Film oder eine Serie schreiben. Die vorgegebenen Ideen dienen als Hilfen, müssen und können aber nicht alle Berücksichtigung finden. Du findest hier eine mögliche Lösung sowohl für einen Film (A) als auch für ein Buch (B).

A   I'd like to recommend the film *Our mothers, our fathers* (German original title: *Unsere Mütter, unsere Väter*). We watched this film at school and it has deeply impressed me and a lot of my classmates. It is history live. It shows the lives of five young friends during the Second World War: three young men and two young women aged about 20. One of the men is a Jew and the two other men are brothers. The five young people often meet at a little restaurant in Berlin and they all have their dreams, but the beginning of the war changes their lives. The two brothers have to serve in the German army, while one of the women becomes a volunteer nurse. The other woman and the Jew remain in Germany. The film follows the very different paths of the five young Germans. At the end of the last part – the film is divided into three parts – the war is over and the three survivors meet again at the little restaurant in Berlin as they had promised before saying goodbye to each other so many years before.

This film is so impressive because it shows real destinies. After we watched the film, real persons who experienced some of the events in the film came to our school and spoke to us. Learning history this way is better and a lot more interesting than memorizing years and battles.

B I would like to recommend a book that impressed me very deeply, the novel *A Thousand Splendid Suns* by Khaled Hosseini.

The book tells the story of two women, Mariam and Laila. It takes place in Afghanistan between the 1950s and 1990s. Both women are married to the same husband, a much older man who treats them badly and even beats them. Mariam and Laila try to fulfil their dreams of love and family, but with their brutal husband and at times when the Taliban are taking over, life gets more and more difficult and really dangerous. Brutality, fear and hunger influence everyday life very much. The story describes the bravery that Mariam and Laila show to fight for their freedom and for their rights. I was extremely impressed by their bravery and courage and admired them for it.

The book ends in an unexpected way and I recommend it to everyone because it is deeply moving and I have learned much about history, life in other countries and human rights.

3.3 Creative writing

Hinweis: Beim kreativen Schreiben darfst du dir eines von vier Themen aussuchen. Lies dir zuerst alle vier Themen genau durch und überlege, welches dir gut liegt und wozu du gute Ideen hast. Wenn du dich für ein Thema entschieden hast, verfasse ein Konzept; das hilft dir, deinen Text sinnvoll zu strukturieren. Auch die geforderte Textsorte gibt dir einen gewissen Rahmen vor: Ein Brief muss zum Beispiel eine Anrede- und eine Schlussformel enthalten; ein Artikel sollte eine Überschrift, Einleitung, Hauptteil und Schluss haben und Argumente überzeugend darstellen. Auch ein Blogeintrag sollte nach klar erkennbaren inhaltlichen Hauptpunkten gegliedert sein. Dabei hilft dir die Aufgabenstellung (z. B. sollst du bei a) einen unvergesslichen Tag beschreiben und erklären, was daran so besonders war). Dein Text soll ungefähr 180 Wörter umfassen. Die hier abgedruckten Lösungsvorschläge sind etwas länger, um dir verschiedene Anregungen zu geben. Natürlich ist es auch vollkommen in Ordnung, wenn du in deinem Text eine andere Meinung vertrittst.

a) **A day to remember**

Cathy's blog   *Thursday, 04th July 2019, 8:42 p.m.*

It was five years ago, I was 11 years old. Because of my father's new job my family and I had moved from a little town near Chemnitz to the city of Leipzig. That meant going to a new school, which was a problem for me because I was very shy and hated change at the time. That's why I had been afraid of the first day at my new school all summer holidays. When the big day finally came, I first met Ms. Fischer, my new class teacher, who took me to meet all the new students I would have to learn with for the next five years! I was very nervous and didn't feel well, but Ms. Fischer was very friendly and seated me next to a girl who looked curiously at me. Maria, that's her name, was curious about everything. In the break, she asked me a lot: who, where, why … We talked all through the break and even a bit during the lessons. At the end of that day I felt that I had a new friend. And so it was! Maria and I started a great friend-ship on that day that still means very much to me. Because of her, I soon got more confident, school became a good place for me. So this first day at my new school changed a lot for me because I met the best friend I have ever had. I hope our friendship will last although after leaving school we will go our own different ways. *(258 words)*

b) **The world through the eyes of …**

Hi, I'm Telly. I'm the telephone box at the corner of Whitehall and Trafalgar Square. When I was put there, I was bright red and looked brand new. There is a big black telephone hanging on the wall opposite my door. And below on the right there is a little table with a telephone book. It wasn't very thick at the beginning because not many Londoners had their own telephones. But the book became thicker and thicker. You can't imagine what sorts of conversa-tions I have listened to! People have arranged to meet, informed grandparents about their babies, ended their love affairs or complained about other persons' faults. I loved this variety of conversations and personalities.

Once a drunken person came in. Obviously, he thought he had arrived at home, so he took off his clothes and lay down 'in bed'. I found that very funny, but the police officer who discovered him the morning after was not amused and woke him up. In the beginning, people loved coming in and there were often queues in front of me. But since the 1990s fewer and fewer people use me. Nowadays, people use their mobile phones and use me as a shelter if the weather is bad.

I look very different now: You can't look through my windows because some people stuck silly stickers on the glass. And the worst thing is that I feel like I've become a big rubbish box because some people put their rubbish in me.

So let's see what will happen to me in the future – I hope people will find another use for me! *(269 words)*

c) **Community hubs for teenagers**

Dear Mr. Thomas,

Last week I read the article about you in our local magazine. Your develop-ment from a local youngster to the manager of an international software com-pany is very impressive.

I live in the town where you grew up and my friends and I would very much like a hub to meet and practise our music, similar to the garage where you met your friends when you were our age. We have already found a little old garden house behind the town hall and the town council allows us to meet and practise there. But the roof, the windows and the door need to be repaired. Our parents can help us with the work, but we need some money for the building material.

That is why I am writing you this letter. Could you help us with the money? I hope that as you must have so many lovely memories of the garage from your youth, you will understand how important a community hub is for young people.

We would be very grateful if you agreed to help us. And if you are interested, we can of course organise a little musical programme for you at a company event or a party at your house.

Thanks a lot in advance.

I'm looking forward to hearing from you.

Yours sincerely,
Max Mustermann   *(223 words)*

d) **The Media and me**

The media are part of our everyday life. Just think of music, films, books, and of course of computers and telecommunication.

On the one hand, it can be stressful to have to be available at any time via modern media. One day last summer, I was at my grandmother's birthday party all day and when I got back and looked at my phone in the evening, I noticed that my friends had arranged a spontaneous overnight trip and I had not seen the messages. It was too late and they had already left, so I was the only one to miss a great trip.

However, I have a lot of positive experiences with media every day. My mobile and my laptop keep me informed in many ways: I can keep in touch with my family and friends easily.

The messaging service WhatsApp is useful for all of us, as are Instagram and YouTube. I really like WhatsApp because I can send and receive messages and photos. I also often use my laptop to look up information on the internet. For example, I search for pictures and explanations of things online. The internet helps me a lot to get my schoolwork done easily and fast. I also use my laptop to watch series and do online shopping; all this makes my everyday life a lot easier.

Overall, the media certainly enrich my life a lot and there certainly more positive than negative sides to it.   *(244 words)*

Realschulabschluss Englisch (Sachsen)		
Abschlussprüfung 2020		

1 Listening (15 BE)

Volunteering
You will listen to people talking about volunteering.
There are two parts. You will hear each text twice.

a) First listen to Chris, a presenter on YouTube, and his guest.
   Answer the questions in 1–5 words or numbers. (10 BE)

0. Where did Chris volunteer? _____in Peru_____

1. How long did he work there? _____

2. What do volunteers raise money for? _____

3. Why is Germany a good place for volunteering? (2 facts)

   _____

   _____

4. What to think about before volunteering? (2 facts each)

   where to get job information

   _____

   _____

   which documents

   _____

   _____

   what kind of accommodation

   _____

   _____

2020-1

b) Now listen to a girl talking about her volunteering experience in an orphanage in Malawi (Africa).
Mark the correct option. (5 BE)

	right	wrong
1. The girl decided to do a placement in a secondary school.	☐	☐
2. She had to do fund-raising in order to collect £ 6,200.	☐	☐
3. The nursery was very modern and well equipped.	☐	☐
4. There were two more colleagues in the nursery team.	☐	☐
5. She had to teach quite a number of different subjects.	☐	☐

2 Reading (15 BE)

2.1 Comprehension

Read the text. Then do tasks a, b and c.

**Wildlife volunteer – "Be the change you want to see in the world"
Elephant Sanctuary Thailand**

(1) The Elephant Refuge & Education Centre (EREC) is an elephant sanctuary located 160 km southwest of Bangkok, Thailand. If you wish to know more about elephants, the problems they face and you want to be part of the solution, this is the place to come and volunteer!

5 **(2)** Nearby forests give our rescued elephants the chance to roam around in their "original and natural" habitat. We have purchased large pieces of land to make these forests and grasslands their "home". Our elephant enclosures have trees and lakes and each measures up to 7 hectares. We run Asia's first "chain free" elephant sanctuary. No el-
10 ephant is ever chained up, day or night.

(3) Today, Thailand's wild population of elephants is struggling for survival. The wild elephants (of which there are only around 2,200 left) live in open grass fields and dense rainforests spread over the country. Historically, elephants have been used mainly in the logging industry,
15 ironically and unwillingly helping to destroy the habitat they need to survive.

(4) After the ban on logging, most of these elephants have ended up used for the tourism industry or have had to make a living begging on the streets of big cities. Walking day and night on these dirty and traf-
20 fic-congested streets is dangerous and unhealthy and very often, these elephants end up being involved in horrible traffic accidents. Regrettably, in Thailand there are no laws to prevent this abuse and mistreatment and therefore there is an urgent need to help these animals.

2020-2

(5) This is where our volunteers come in. When volunteering with elephants, you will be taught everything you need to know about the care of these magnificent animals. You will work hands-on with the elephants, washing and feeding them, going out to collect food for them and cleaning their enclosures.

(6) In order to become an elephant volunteer with us, you need to fulfill the following criteria:
You must
- be in good physical condition
- be able to tolerate a hot and humid climate
- be able to speak English
- be 18 years old or over
- have a positive and practical attitude towards animal welfare and wildlife conservation.

(7) Short and long-term stays are possible: the longer you stay, the cheaper it gets as we value a longer commitment. The financial contribution you make to the centre supports the costs of caring for the elephants and for your food and stay. The price for 1 week participation is € 375 or $ 485, for 2 weeks it is € 595 or $ 780. Each additional week costs € 200 or $ 260.

(8) The accommodation is in simple bungalows with their own (European style) toilet and shower and they are mainly either two or three bedded. There is a large kitchen within the main volunteer house for making breakfast and hot drinks. Lunch and dinner are cooked for you. A positive attitude towards group living and teamwork is essential. You will be expected to help with housework duties and keeping the volunteer house clean and tidy.

If you are interested in working with us, please send an e-mail or letter of motivation to volunteer@EREC.org explaining your interest and proposed length of stay.

Volunteer With Thai Elephant Refuge, https://www.thaielephantrefuge.org/volunteer/

a) Match the sentence halves. Use the chart below.   (4 BE)

1	In the elephant sanctuary in Thailand there	**A**	are very rare.
2	Today, wild elephants in Thailand	**B**	helps to care for the elephants.
3	In the past, wild elephants	**C**	are chained to protect the people.
4	The money the volunteers pay	**D**	is used to build new bungalows.
		E	are vast woods and pastures.
		F	were living with Thai families.
		G	were involved in ruining their territories.

1	2	3	4

b) Decide if the statements are true or false. Write down the number of paragraph where you find this information.   (4 BE)

	true	false	paragraph
The centre (EREC) has bought a huge area in Thailand.	☐	☐	___
In Thailand there are rules to protect elephants.	☐	☐	___
As a volunteer, you will be in close contact with the elephants.	☐	☐	___
The living conditions for the volunteers in the sanctuary are outstanding.	☐	☐	___

c) You want to work there as a volunteer. Mark the four important aspects referring to the text.   (2 BE)

age	☐	gender	☐
attitude towards animals	☐	health	☐
family	☐	hobbies	☐
foreign language	☐	important documents	☐

2.2 Mediation

(5 BE)

After her flight your grandma found this notice in her damaged suitcase. She asks you to explain the situation.
Write down the main information in German.

Notice of baggage inspection

To protect you and your fellow passengers, the Transportation Security Administration (TSA) is required by law to inspect all checked baggage. As part of this process, some bags are opened and physically inspected. Your bag was among those selected for physical inspection.

During the inspection, your bag and its contents may have been searched for prohibited items. At the completion of this inspection, the contents were returned to your bag.

If the TSA security officer was unable to open your bag for inspection because it was locked, the officer may have been forced to break the locks on your bag. TSA sincerely regrets having to do this, however TSA is not liable for damage to your locks resulting from this necessary security procedure.

For packing tips and suggestions on how to secure your baggage during your next trip, please visit:

www.tsa.gov

We appreciate your understanding and cooperation. If you have questions, comments, or concerns, please feel free to contact the TSA Contact Center.

Christopher Schaberg: The Textual Life of Airports: Reading the Culture of Flight (2011), Bloomsbury, S. 148

---

3 Writing

(40 BE)

3.1 Language components

(10 BE)

Mark the correct option in the chart below.

Plogging

Simply put, plogging involves picking up trash while running. The name combines the Swedish phrase, plokka upp, or "to pick up", and jogging. It **(1)** as an organised activity in Sweden around 2016 and spread to other countries in 2018. It is an eco-friendly workout **(2)** combines running and body movements like bending, squatting and stretching.

Erik Ahlström started plogging in the Swedish capital city, Stockholm. His aim was to organise the activity and encourage volunteers. **(3)** he created the website Plogga.

Author David Sedaris combines litter **(4)** with exercising in West Sussex, taking up to 60,000 steps a day in pursuit of local rubbish. He was so **(5)** in keeping his neighbourhood clean that the local authority **(6)** a waste vehicle in his honour.

Now, the Keep America Beautiful organisation is promoting plogging to **(7)** members and has found that some of them already combine exercise with cleaning up. In New York, Plogging NYC had **(8)** 100 members in 2018, with events in four different districts. The Great Parks of Hamilton Country **(9)** Cincinnati hosts three plogging events in September and October every year. There **(10)** even an opportunity to plog with your dog.

Keep on running and plogging!

nach: Plogging, https://en.wikipedia.org/wiki/Plogging

---

(1)	☐ have started	☐ starts	☐ started	☐ starting
(2)	☐ what	☐ which	☐ who	☐ whose
(3)	☐ Because	☐ Because of	☐ That's why	☐ Why
(4)	☐ pick	☐ picked	☐ picking	☐ picks
(5)	☐ effective	☐ effectively	☐ more effective	☐ most effective
(6)	☐ name	☐ named	☐ names	☐ naming
(7)	☐ her	☐ his	☐ its	☐ our
(8)	☐ about	☐ many	☐ more	☐ much of
(9)	☐ above	☐ by	☐ close	☐ near
(10)	☐ are	☐ is	☐ have been	☐ were

3.2 Guided writing   (15 BE)

Save money this summer and earn your festival ticket, camping pass
and meals as a volunteer at a popular music festival in Croatia.
Ask your foreign friend to join the festival with you.
Write an e-mail and use the information below.

Europas legendäres Festival für Fans elektronischer Musik
Outlook Festival in Kroatien vom 5. bis 10. September   (1 BE)
Freiwillige Helfer gesucht
Einsatzbereiche: (1 BE) • hinter der Bühne • auf dem Zeltplatz • im Erste-Hilfe-Zelt
Unser Angebot für 3 Arbeitstage (je 6 Stunden):   (3 BE) • kostenloser Eintritt • 6 freie Übernachtungen auf dem Zeltplatz • 3 Essensgutscheine
Unterkunft und Verpflegung: (2 BE) • eigenes Zelt mitbringen • Einkaufsmöglichkeiten vorhanden
Transport: (2 BE) • Busse vom Flughafen Pula alle 30 Minuten • Tickets im Bus für 11 Kuna (1,40 EUR)

Für die Qualität der sprachlichen Umsetzung können Sie max. 6 BE
erhalten.   (6 BE)

From:	my.idea@…
To:	my-friend@…
Subject:	*Outlook Festival in Croatia*

2020-7

3.3 Creative writing   (15 BE)

Choose one topic and mark it. Write a text of about 180 words.
Count your words.

☐ a) **Volunteering**

You can change the world working as a volunteer.
What field would you like to volunteer in?
Explain your interest, including a paragraph about yourself.
Write an e-mail to apply to volunteer@wfft.org.

☐ b) **Welcome to our world**

Visitors can enrich your world.
An English-speaking exchange student is going to attend your
school.
Introduce your school and region to him/her.
Write a letter to an international assistant exchange board.

☐ c) **Learning by doing**

Work experience can also help you to find a suitable job.
Reflect on your practical experience.
Explain how it supports you to plan your working life.
Write an article for a youth magazine.

☐ d) **The world is wide open**

Different cultures, lifestyles and languages are fascinating for
us. Where would you like to go and spend some weeks or
months? Describe the place and give reasons for your choice.
Write an entry for an international travel blog.

Lösungsvorschlag

1 Listening

Transcript 1

1 **Speaker:** Chris is a presenter on YouTube. Today's programme is about volunteering which means working for free. The expert Grace Hope gives some information. [...]

Chris: Hey guys. My name is Chris, and welcome to my YouTube channel. Our topic
5 for today is 'Volunteering', and this is something that is very common in the English-speaking world. For example, I personally have volunteered in Peru, where I spent four weeks basically creating toilets. Erm – but firstly, what is volunteering? Volunteering is where people of all ages work for free in order to raise money for charities or hospitals. And there are lots of really great reasons why you should
10 volunteer in Germany. Firstly, it's a safe country; secondly, it's located in the centre of Europe, and therefore you can easily travel to different countries like France, or maybe Belgium or Czech Republic; and thirdly, you can improve your German through exposure and practising with lots of Germans; and fourthly, you can enter the German start-up scene, which is especially popular in Berlin. Today I'm asking
15 the question "How can you find such a volunteer placement in Germany?". And for this reason, I have invited Grace Hope along today, from ARSP, and welcome Grace.

Grace: Hi Chris, thank you very much for having me on your channel. Well, let's see if I can help answer your questions with my experiences.

20 **Chris:** So, firstly – erm – my viewers would maybe like to know: where would you say you should go to volunteer?

Grace: Well, the first thing you need to ask yourself: do you prefer big city life or would you rather have a small-town experience? So, are you interested in glamour and shopping, or would you rather learn about an alternative culture of the place you're
25 going to?

Chris: OK, great. So once you've made that decision, how do you take the next steps and find a volunteering job?

Grace: Well, I'd begin by checking the city's homepage – er – they have information. Or social networks will also have a lot of details about volunteering. Then there are
30 jobs pages, like vostel.de or Betterplace or Idealist.org. And finally, you should check if there is already a programme in existence between your home country and Germany.

Chris: Hm, er – OK, that's important to know. But what other conditions are there before you volunteer?

35 **Grace:** One very important condition is checking – erm – whether or not you need to apply for a visa. And you have to prove that you can support yourself financially. And finally, – er – you need to ask your future employer about what possible legal documents you require to be there. So for example, do you need health insurance, or a driver's license, or a work permit?

2020-9

40 **Chris:** Great. So once you've done that, something that many volunteers and young people worry about is finding accommodation, a place to live. How would you recommend you get a living space?

Grace: Well, there are many different possibilities, and again you need to ask yourself would you be more interested in a flat share, or would you rather have a hostel, or

45 are you happy to couch-surf? Space in some cities can be quite rare, so make sure you start looking for a place to live at least one to two months in advance of your placement.

Chris: Ah, that sounds great. So, finally, last but not least, you are packing your suitcase and catching the flight, what would be the final tip you would give?

50 **Grace:** Oh, the most important thing, remember to pack your toothbrush and socks. No, seriously, make sure you're at the airport in time, …

Transcript 2

1 After finishing school I decided to take a year out before going to university. I chose to go on a gap-year placement with Project Trust – a charity which sends seventeen to nineteen-year olds out volunteering.

There is quite a big variety of different projects you can choose from, from secondary

5 teaching, primary teaching, social care or even some sport-related projects. I knew that I wanted to work with children, so I found this project in Malawi, which was around orphaned children and working in a local nursery which I was really happy to do, so I chose that one.

The next step was fundraising, and this was a really big shock for me. When I applied

10 for Project Trust, I hadn't realised that I had to fundraise £6,200, which is the figure that everybody going for a 12-month project has to pay, no matter which country or which project you're at. The £6,200 cover more or less everything for your stay, so you would get a monthly allowance from that, pays for your flights, medical insurance etc.

15 The next thing I know I was on the plane to Malawi. I lived in an orphanage but in the mornings I worked with the nursery. The nursery was just two small rooms in the backyard of the orphanage and we had to accommodate 67 children from the village I was living in. The rooms were quite basic. There was just a blackboard in the room and that was about it.

20 Nursery was really challenging as there were so many children. There was Amy, me and a local teacher called Patricia and we struggled to keep control of the class in the beginning. We had a timetable meaning that every day I had different subjects from animals to colour to hygiene and even the language of Malawi – we were teaching all sorts of stuff.

25 After lunch the nursery kids would go home at around 1 o'clock. Then we had a short break to have our own lunch or just a rest, and at half three, the orphanage kids would get back from school.

Hinweis: Bei a) musst du die Antworten in eigenen Worten wiedergeben. Achte auf die Angaben in Klammern, wie viele Aspekte du jeweils nennen musst. Für jede richtig genannte Information bekommst du einen Punkt. Bei b) bekommst du einen Punkt für jede richtig angekreuzte Antwort; wenn du beide Optionen ankreuzt, erhältst du keinen Punkt.

a) 1. four weeks (l. 7)

   2. charities/hospitals (ll. 8/9)

   3. safe (country)/centre of Europe/(German) start-up scene/improve German (ll. 10–14)

   4. where to get job information: (city's) homepage/social networks/jobs pages/programmes (ll. 28–32)

      which documents: visa/health insurance/driver's license/work permit (ll. 35–39)

      what kind of accommodation: flat share/hostel/couch (surf) (ll. 43–45)

b) 1. **wrong** (ll. 6/7)

   2. **right** (l. 10)

   3. **wrong** (ll. 16–19)

   4. **right** (ll. 20/21)

   5. **right** (ll. 22–24)

2 Reading

2.1 Comprehension

Hinweis: zu a): Suche im Text nach den Stellen, die dir die Informationen geben, die du benötigst, um die Satzhälften zusammenzusetzen. Achte dabei darauf, dass die beiden Satzhälften nicht nur inhaltlich, sondern auch grammatikalisch zusammenpassen müssen. So muss z. B. der zweite Satzteil bei 3 in der Vergangenheit stehen (wegen „in the past") und bei 4 muss der zweite Satzteil ein Verb im Singular enthalten (wegen „the money", das im Singular steht).

a)

1	2	3	4
E	A	G	B

b)   **true**   paragraph **2**

     false   paragraph **4**

     true   paragraph **5**

     false   paragraph **8**

c)

age	☑	gender	☐
attitude towards animals	☑	health	☑
family	☐	hobbies	☐
foreign language	☑	important documents	☐

Erklärungen zu den Lösungen:
Die Antworten findest du an den folgenden Textstellen:
(a) zu 1: ll. 5–9; zu 2: ll. 11/12; zu 3: ll. 14–16; zu 4: ll. 39–41
(b) paragraph 2, ll. 6/7; paragraph 4, ll. 21–23; paragraph 5, ll. 26/27;
paragraph 8, ll. 44–46
(c) age: l. 35; attitude towards animals: ll. 36/37; foreign language: l. 34;
health: l. 32

2.2 Mediation

Hinweis: Du sollst deiner Oma die wichtigsten Aussagen aus der Mitteilung in ihrem kaputten Koffer erklären. Achte darauf, nicht Wort für Wort zu übersetzen oder alle Informationen unterbringen zu wollen. Du musst dich entscheiden, welche Informationen für deine Oma in ihrer Situation wichtig sind, und diese auf Deutsch zusammenfassen.
Die letzten beiden Sätze sind eingeklammert, weil du diese Informationen auch weglassen kannst und deine Oma die wichtigsten Informationen trotzdem erhält.

Das ist ein Hinweis von der *Transportation Security Administration*, einer Sicherheitsorganisation, die zum Schutz aller Passagiere das Gepäck kontrollieren muss. Die TSA informiert dich darüber, dass dein Koffer per Zufall für eine Sicherheitskontrolle ausgewählt wurde, um nach verbotenen Inhalten zu suchen. Dein Koffer war wahrscheinlich verschlossen, deshalb musste das Schloss aufgebrochen werden, dazu ist TSA berechtigt. Für Schäden ist die TSA nicht haftbar. Alle Dinge wurden aber wieder in den Koffer zurückgelegt. Wenn du Fragen oder Beschwerden hast, kannst du dich an das TSA Center wenden. (Auf der Website www.tsa.gov kann man auch Packtipps erhalten. Die TSA bedankt sich für dein Verständnis.)

3 Writing

3.1 Language components

(1)	☐ have started	☐ starts	☑ started	☐ starting			
(2)	☐ what	☑ which	☐ who	☐ whose			
(3)	☐ Because	☐ Because of	☑ That's why	☐ Why			
(4)	☐ pick	☐ picked	☑ picking	☐ picks			

(5)	✓ effective	☐ effectively	☐ more effective	☐ most effective
(6)	☐ name	✓ named	☐ names	☐ naming
(7)	☐ her	☐ his	✓ its	☐ our
(8)	✓ about	☐ many	☐ more	☐ much of
(9)	☐ above	☐ by	☐ close	✓ near
(10)	☐ are	✓ is	☐ have been	☐ were

Erklärungen zu den Lösungen:

(1) *Der vorliegende Satz erfordert wegen der Signalwörter* around 2016 *und* in 2018 *ein Verb im Simple Past, deshalb ist* started *richtig. Die anderen Möglichkeiten sind andere Verbformen* (have started: *Present Perfect*, start: *Simple Present*, starting: *Present Participle) und daher nicht richtig.*

(2) *Hier wird ein Relativpronomen benötigt, das sich auf* workout *bezieht. Somit ist* which *korrekt, denn dieses Relativpronomen bezieht sich auf Sachen. Das Relativpronomen* who *bezieht sich auf Personen,* whose *(„dessen/deren") ist Genitiv, der hier nicht vorliegt, und* what *ist kein Relativpronomen.*

(3) That's why *(„deshalb") nimmt Bezug auf den vorausgehenden Satz und drückt die daraus resultierende Folge aus.* Because *(„weil") und* Because of *(„wegen") beschreiben den Grund bzw. die Ursache und passen hier nicht, weil jeweils noch ein Zusatz fehlen würde („Because of* this *he created the website" bzw. „Because* he wanted to encourage volunteers, *he created the website").* Why *ist ein Fragewort und daher ebenfalls nicht passend.*

(4) *Das Wort in der Lücke steht in engem inhaltlichen Zusammenhang mit einer weiteren Aktivität* (exercising)*. Du musst also auch für die Lücke eine -ing-Form auswählen.*

(5) *Hier ist ein Adjektiv gesucht, da eine Person* (He) *näher beschrieben wird. Das Adverb* effectively *kannst du also ausschließen. Auch die Steigerungsformen des Adjektivs* effective (more effective *und* most effective) *passen nicht, weil sie nicht in Verbindung mit* so *benutzt werden können.*

(6) *Dass hier ein Verb in der Vergangenheit (Simple Past) stehen muss, erkennst du daran, dass auch im ersten Satzteil* (He was so …) *Vergangenheit steht. Die Optionen* name *(Infinitiv),* names *(3. Person Singular im Simple Present) und* naming *(Present Participle) sind folglich nicht möglich.*

(7) *An dieser Stelle fehlt ein Possessivbegleiter, der sich auf die genannte* organisation *(im Singular) bezieht. Der Begleiter* our *ist eine Pluralform, also kannst du ihn gleich ausschließen. Da* organisation *als Sachbezeichnung im Englischen Neutrum (sächlich) ist, kann hier nur* its *richtig sein.*

(8) *Der Satz drückt aus, dass es* ungefähr *100 Mitglieder waren, also ist* about *die richtige Lösung. Ohne* than *ist* more *im Sinn von „mehr" grammatikalisch nicht möglich,* much of *(„viel") ist nur bei unzählbaren Angaben verwendbar und* many *kann nicht zusammen mit einer Zahl stehen, also kann es nicht stimmen, da hier die Zahl* 100 *dabeisteht.*

(9) *Es ist „in der Nähe von Cincinnati" gemeint, deshalb ist* near *die richtige Lösung. Die Präposition* close *im Sinne von „nah" erfordert den Zusatz* to, *der hier nicht vorhanden ist,* above *bedeutet „über" und ergibt hier keinen Sinn, und* by *ist ein falscher Freund, da es normalerweise nicht mit der Bedeutung „bei" verwendet wird.*

(10) *Hier muss ein Verb im Singular stehen, da es sich auf* an opportunity *bezieht: Da alle anderen Möglichkeiten im Plural stehen, kann nur* is *richtig sein.*

3.2 Guided writing

Hinweis: Bei diesem „gelenkten Schreiben" musst du die vorgegebenen Informationen in eine E-Mail an einen Freund bzw. eine Freundin „verpacken" und fragen, ob er/sie mit dir dorthin möchte. Achte darauf, dass du keine Information vergisst und dass du die äußere Form einer E-Mail einhältst, also z. B. eine Anrede und eine Schlussformel verwendest.

From:	my.idea@…
To:	my-friend@…
Subject:	*Outlook Festival in Croatia*

Hi Paul, — Anrede

How are you? Have you heard about the Outlook Festival in Croatia in September? I am going to be there and as you like electronic music too, I thought you might be interested. Would you like to come with me as a volunteer from 5th to 10th September? — Einleitung und Frage, ob er/sie mitkommen möchte

We will have to help behind the stage, at the camping site and in the First Aid-Tent. We will work for three days, six hours each day. — Einsatzbereiche

We will get free entrance, spend six nights at the camping site for free and get coupons for three meals. We can also go shopping there to buy some food, etc. We only need to bring our own tent and I have got one for two persons. — Angebot und Ersparnisse, Unterkunft und Verpflegung

There are buses from the airport Pula to the festival location every 30 minutes. We can buy our tickets on the bus and one ticket costs 11 Kuna (€ 1.40). — Transport

I think this is a great opportunity to visit the festival without paying much. What do you think?

Give my love to your parents. I look forward to a positive answer. — Abschiedsgruß

Yours,
Franzi — Schlussformel und Name

3.3 Creative writing

Hinweis: Hier kannst du dir eines der vier Themen aussuchen, je nachdem, zu welchem Thema dir viel einfällt und welche Textsorte dir liegt. Nachdem du dich für ein Thema entschieden hast, solltest du dir Notizen dazu machen. Gliedere deine Notizen dann, indem du sie in eine Reihenfolge bringst (z. B. durch Zahlen, die du neben deine Notizen schreibst), bevor du dich ans Schreiben der eigentlichen Lösung machst.

Beachte, dass jede Textsorte andere Anforderungen stellt: Briefe und E-Mails müssen eine Anrede und eine Schlussformel haben; bei einem Artikel musst du Argumente überzeugend darstellen und er sollte eine Überschrift (hier z. B. „Learning by doing" wie in der Aufgabenstellung vorgegeben), Einleitung, Hauptteil und Schluss enthalten; in einem Blogeintrag müssen die Informationen und Gründe gut strukturiert und lesefreundlich dargestellt werden.

Dein Text soll ca. 180 Wörter lang sein. Unsere Lösungsvorschläge sind etwas länger, damit du verschiedene Ideen für Argumente und Formulierungen bekommst.

In den Lösungsvorschlägen findest du am Rand außerdem kurze Stichpunkte zur Orientierung. Sie helfen dir dabei, deine Lösung zu vergleichen, auch wenn dein Text anders aufgebaut ist oder andere inhaltliche Schwerpunkte setzt.

a) **Volunteering**

From: Maria798@gmail.de
To: volunteer@wfft.org

Dear Sir or Madam,   Anrede

I am very interested in working with children who need help   Einleitung und
to get along in everyday life. Thus, I would like to apply as   **Bewerbung**
a volunteer in your organisation. I can imagine working in   **Bereich**
special facilities to support the kids and the staff or to be a
supporter at any event where you need help, for example on
day trips or at youth camps.

In the last two years I worked in a kindergarten and in a chil- **Interessen** und
dren's home for two weeks each. There I learned a lot about   Erfahrungen
the importance of everyday life for children who need help
and sympathy. It was really great to help the boys and girls
and we had lots of fun despite all the difficulties they had to
cope with, for example at school or with their families.

I am 16 years old and am about to finish class 10. I am not   **Über mich**
sure what I want to do in the future but I can very well
imagine working with young children. In autumn I will start
preparing for my A levels at a new school and I think volunteering would be a good chance for me to gain experience
while supporting your organisation.

I would be very happy to meet you and present myself per- | Schluss
sonally.

Yours faithfully, | Schlussformel
Maria *(219 words)* | und Name

b) **Welcome to our world**

Hey there! | Anrede

I am happy to welcome you to our region of Dresden in | Einleitung
Saxony, Germany.

First, I would like to explain to you where I live. Dresden is | Vorstellung der **Gegend**
an interesting town with lots of historical buildings from dif-
ferent epochs: baroque, classicism and modernism. It is a
town with a university, that means many young people from
all over the world live and study here and thus, the cultural
scene is diverse. We also have much nature nearby, so I am
sure you will love our region.

Our school building is big, our equipment is modern and the | Vorstellung der **Schule**
teachers are nice. The students mostly respect each other, so
we have a good atmosphere for learning. There is a park next
to the school, so we often meet there after lessons. Moreover, there are a school canteen, a very modern gymnasium,
a library with computers to work on after lessons and many
offers for sport or other activities like pottery, singing or
drama club. It does not only sound interesting, it is!

I hope I've got you curious to come here and discover every- | Schluss
thing for yourself. I'm looking forward to meeting you and
to showing you everything in person.

Greetings from Dresden, | Schlussformel
und Name

Peter Paul *(203 words)*

c) **Learning by doing** | Überschrift

At school we have had subjects which have given us some | Einleitung
information about work and several jobs. I had not been able
to find out for a long time what job really interests me.

Then in Year 9 we had a two-week work placement. I ap- | Eigene **prakti-
sche Erfahrun-
gen**
plied at a restaurant because I had often helped my parents
cooking. I helped the chef prepare all sorts of meals and I
liked the work a lot. In the end I was even allowed to help
create a new menu.

This work placement helped me find out that working as a | **Unterstützung
bei der Planung
des Berufsle-
bens**
cook will be my future. My colleagues were satisfied with
my engagement and asked me if I wanted to do a holiday job
there. I answered happily that I would like to. I have gained
more and more experience since and I am more motivated

to do my best at school. Now I am in Year 10 and I still have a side job helping out at the restaurant. I am about to pass the Certificate of Secondary Education exams and then I will start training as a cook.

At the end of that training I will have various opportunities: work at a restaurant, in a canteen or at a hotel, for example. I am not sure yet. But I am convinced that preparing food and helping people enjoy a great meal is what I want to do for a living. *(237 words)*

Schluss

d) **The world is wide open**

Travel blog   Jonathan, Friday, 2nd August 2020, 4:16 p.m. There are lots of interesting places in the world which I would like to visit one day.

Blogtitel und Datum
Einleitung

But New Zealand has come into my special focus. My cousin spent some months on a farm there two years ago and he is so excited and enthusiastic about the country that I would like to see it with my own eyes. He has shown me pictures and videos which absolutely make me want to go there and experience everything for myself.

Gründe für den Ort

Besides, my cousin did not have any difficulties in communicating, so I am sure my English will help me get along there, too. Improving my English in a country where it is the main language will surely help me find a job later.

New Zealand is a beautiful country which consists of two islands. It is very warm and sunny there so you can do a lot of exciting outdoor activities like hiking, climbing, surfing and diving. Moreover, the nature is absolutely stunning: there are many different animals and plants, lakes and mountains.

Beschreibung des Ortes

The Indigenous people of New Zealand are the Māori. Their culture has fascinated me since I saw the fighting dance of the Māori before the rugby game against South Africa in the film *Invictus*. If it is possible, I would like to stay with the Māori for some time to get to know their culture and maybe even learn a bit of the Māori language.

When I am in New Zealand, I plan to work on a farm for four months and earn some money for the following two months when I would like to travel from the north to the south of the country. *(269 words)*

Pläne und
Schluss

Realschulabschluss Englisch (Sachsen)
Abschlussprüfung 2021

Das Corona-Virus hat auch im vergangenen Schuljahr die Prüfungsabläufe beeinflusst. Um dir die Prüfung 2021 schnellstmöglich zur Verfügung stellen zu können, bringen wir sie in digitaler Form heraus.
Sobald die Original-Prüfungsaufgaben 2021 zur Veröffentlichung freigegeben sind, können sie als PDF auf der Plattform **MyStark** heruntergeladen werden. Deinen persönlichen Zugangscode findest du auf den Farbseiten vorne im Buch.

Prüfung 2021

www.stark-verlag.de/mystark